오키나와
반할지도

# 오키나와 반할지도

최상희 · 최민 지음

해변에서랄랄라

prologue

처음 오키나와에 가고 싶다고 생각한 것은 일본 영화 <안경>을 보고 나서였다.
'왠지 불안해지는 지점에서 2분 정도 더 참고 가면 거기서 오른쪽'이라는 지도로 길을 찾아야 하는 인적 드문 바닷가 마을. 그곳은 휴대폰도 터지지 않고 알람 대신 서서히 스며드는 햇살과 파도 소리로 잠을 깨고 하얀 모래 위에서 메르시 체조로 하루를 시작하는 곳. 서두르지 않고 삶아낸 팥 위에 사각사각 간 얼음을 올린 빙수 한 그릇을 먹고 바다를 바라보며 '다소가레(몽상)'하는 것이 하루 일과의 전부인 곳. 낙원에 가까운 모습이었다. 그것이 내가 생각하는 오키나와였다.

그래서 우리는 여행을 떠났다.
오키나와에서 처음 만난 바다는 남부의 미바루비치였다. 우리는 말없이 바다를 바라보다 조금 용기를 내어 바닷물에 발을 담그고 이내 대담해져 파도 속으로 걸어 들어갔다. 그러고는 이내 다시 하염없이 바다를 바라보기만 했다. 태양은 뜨거웠고 주위는 고요했고 간혹 바람이 내 안을 관통해 드나들었다.
그게 참 좋았다.
아마도 그때였는지도 모르겠다. 내가 오키나와에 마음을 두게 된 것은.

나는 아직도 어마어마하게 방대한 정보나 명확한 지시보다는 '왠지 불안해지는 지점에서 2분 정도 더 참고 가면 거기서 오른쪽'이 가리키는 곳으로 가는 것을 즐긴다. 아마도 그것이 내 여행이 향하는 지점과 비슷하기 때문일 것이다.
이 책에는 우리가 오키나와에서 정말 좋았던 것만을 실었다. 너무 좋아 다른 곳은 생각할 수도 없어 두 번, 세 번 반복해서 묵었던 숙소와 아, 인생에 기쁨이라는 것도 있었지, 하고 문득 생각하게 해준 충실하고도 아름다운 카페와 식당. 그곳들은 이미 유명해진 곳도 있지만 우리만 알고 싶은, 아끼고 아끼고픈 곳들이다. 여행지에서 내가 사온 보잘 것 없는 선물에 기뻐하고 늘 나에게 어디를 여행하면 좋냐고 묻고 다녀오면 거기 정말 좋았다고 말해주는 내 소중한 사람에게 귀띔해주고 싶은 곳들이다. 그런 마음을, 이 책에 담았다.
아, 나도 오키나와에 가고 싶어.
이 책을 읽고 그런 생각이 든다면 기쁘겠다.

*영화 <안경>의 무대인 요론 섬은 알고 보니 일본 규슈 본토와 오키나와 중간에 위치한 섬으로, 심지어 가고시마 현에 속하는 섬이었다. 요론 섬을 오키나와로 생각한 것은 그야말로 '왠지 불안해지는 지점에서 2분 정도 더 참고 가면 거기서 오른쪽' 격의 추측이었다. 뭐, 덕분에 우리의 오키나와 여행이 시작됐습니다.

04 prologue

10 intro

22 국제거리

26 마키시공설시장

28 갈증 일순 **카페 파라솔**

29 시장 한 가운 한적함 **우라라**

30 뉴파라다이스거리

32 누군가 떠오른다면, 먼옷 **카로타 시타**

34 여행에만 사고 싶은 다정함 **시나몬카페**

36 반대 폐인요네가 **볼도넛파크**

38 우키시마거리

42 동참과 모노있고 **빈티지숍 지사카스**

44 유니런 오키나와 **미무리**

45 도키나와 잡화과자점 **남도제과**

46 무공질 주생의 따뜻함 **카페 소이**

48 한 컬의 그런 같은 기식 **카페 마나**

50 자릴 잃은 긴 여행의 길머리에 **우키시마가든**

52 여행 거리 한가운데 **게스트하우스 카라**

54 츠보야거리

56 달 아래 피어온 아기 섬의 행빛 **야치토문**

57 다정한 도자기 가게 **구마구와**

58 소박하게 아름다운 **차타로**

60 창밖은 맑은, 여행자의 아침 **에스티네이트 호텔**

64 역시 스테이크! **얏빠리스테이크**

66 친밀하고 포토제닉한 **온오프예스노**

첫 번째 여행

나하시

contents

68 스냅프를 찾는 호텔 슈리성

70 아름다워 편안을 간다 모던 긴조초 돌길

72 고민거에서 맛보는 오키나와 가정식 류큐차방 아시비우나

76 유이레일을 포근 하늘 위상 달리고 호텔 하얏트리젠시 나하

84 미나토가와 스테이트사이드타운

86 석권을 들어 먹는 가펠 이페코페

88 아메고라의 첫집 니와토리

90 너넉하고 한다한데다 유쾌한 포트리버마켓

92 티스트, 고양이, 오후의 티타임 오하코르테

95 오래된 영화처럼 아메리칸 웨이브

96 소녀는 피나고 소년은 기억했다 아메리칸빌리지

98 좋은 일이 있는 날 스시밧텐

99 우연히 만난 후르츠리마켓 트로피칼비치

104 폼폼폼, 첫 속에서 도마뱀이 울었다 스파이스 모텔

110 비행의 원적을, 행복과 가까운 곳 플라우만스 런치 베이커리

112 기쁨공원의 굴뚝 위를 물개롭게 떠다니는 무나카타도

114 행복의 모양을 한 상자 쿠루미샤

116 매일 이런 아침이라면 로기

118 당나귀가 사는 빵집 스이엔

122 잘 먹었습니다 고메야마쓰쿠라

124 소녀들은 엔다를 먹고 에이앤더블유

126 화질하고도 기분좋은 회향 디앤디파트먼트 오키나와

128 하늘엔 태양, 바다엔 달 문비치

130 달과 가까운 곳 문비치 호텔

두 번째 여행

중 부

132 동네 산책

134 마주 쳐, 작은 들녁 잔파곶

135 눈부신 태양, 천가루의 바다 잔파비치

136 잔파 해변도, 난 좋다 NY 카페

140 바다를 달린다 해중도로

142 사탕수수의 섬, 미야기 마을 이케이섬

144 오키미와 절벽 사이로 부서지는 빛 만자모

145 오키나와소바가 먹고 싶은 날 나카무라소바

### 세 번째 여행
### 북부

152 오직 청의 바다 추라우미수족관

156 보석의 이름을 가진 바다 에메랄드비치

158 전망좋은 방 오리온 모토부 호텔

160 흑색의 방앗간 티셔츠숍

162 소년은 아직 후추인을 히가시식당

164 Tree Tunnel to the Beach 비세후쿠기가로수길

170 Sea over the Tree Tunnel 비세자키비치

172 맥주를 부르는 바다 찬야

174 해변의 피크닉 나가하마비치

180 천국은 가까이 카페 고쿠

184 시간이 멈춘 듯한 정원 카페 하코니와

188 여행지에서의 일상 소모스

190 오키나와의 오월은 주황 요헤나수국원

194 여우의 해닫음 얀바루소바

196 낮잠 자고 싶은 마루 야치문 킷사 시사엔

198 석양의 바다를 가로지르는 다리 **코우리대교**

200 여행지의 맛 **슈림프웨건**

202 춤추는 고양이의 밤 **찬푸르 식당**

204 창밖은 코우리대교, 유람선이 지나갔다 **트윈하우스**

216 Blossom Wave **미바루비치**

222 해변의 식당 **카리카**

224 바다를 향한 찻집 **하마베노차야**

226 주문 많은 요리집 **야마노차야 라쿠스이**

230 줄 서서 먹는 이유 **카페 쿠루쿠마**

232 앨리스의 이상한 정원 **사치바루마야**

234 단순하지만 사치스러운 시간 **카이자**

236 첫눈에 반해버린, 백곰 **마루미쓰젠자이**

240 아이들은 바다로 뛰어들었다 **오우섬**

244 작은 섬 튀김집 **나카모토센교텐**

246 밤의 여행자, 때때로 고양이 **마리상의 에어비앤비**

264 찾아보기

네 번째 여행

## 남부

---

### 252 special tips 오키나와 여행법
날씨, 항공, 교통, 렌터카, 음식과 숙소, 쇼핑 정보, 실전 여행 코스

### plus 맵코드
관광지, 카페, 식당, 쇼핑지, 숙소 맵코드 수록

intro

비행기가 이륙한지 2시간. 비행기 창밖으로 아리도록 푸른 바다 위에 동그마니 떠있는 섬이 내려다보인다. 오키나와다.

갑자기 퍼붓던 비가 그치고 나자 오키나와는 다시 맑음이다. 모노레일 차창 너머로 단정한 도시가 내려다보인다.
훅, 뜨거운 열기가 불어온다. 붉은 히비스커스와 쭉 뻗은 야자수. 푸른 하늘과 눈부신 햇살. 남국의 정취.

도쿄의 세련된 모습이나 교토의 고즈넉한 거리, 혹은 홋카이도의 목가적인 풍광을 기대했다면 그 어느 것도 아닌 오키나와의 첫인상에 조금 당황할 수 있다.

오키나와는 백여 년 전까지 '류큐'라는 이름의 독립국이었다. 일본, 조선, 중국, 동남아시아에 이르기까지 여러 나라와 교역하며 독특한 문화를 형성했던 류큐 왕국은 1879년에 일본에 강제 편입된 뒤 제2차 세계대전 이후 27년간 미국령이 되었다가 다시 1972년 일본으로 반환된다. 동남아와 미국, 일본, 중국 그리고 오키나와 고유 문화가 섞여 오늘날 오키나와 찬푸르 문화가 형성됐다. 찬푸르는 오키나와 전통 요리로 '이것저것 한데 섞는다'는 뜻이다. 그 맛은 뒤죽박죽이 아니라 뭐라 말할 수 없이 오묘하고도 매력적이다. 그것이 바로 오키나와다.

오키나와는 다른 어떤 것도 아닌 오키나와, 오직 오키나와일 뿐이다.

오키나와의 첫 관문인 나하시는 현재와 과거, 활기와 여유가 공존하는 곳이다. 오키나와의 중부는 블루실 아이스크림처럼 알록달록하며 이국적이다. 짙푸른 숲과 호젓한 바다가 어우러진 북부는 얀바루의 박력을 느낄 수 있는 곳이다. 아름다운 미바루비치를 비롯한 조용한 해변과 작은 섬들을 품은 남부는 아기자기한 맛이 있다.
우리가 꿈꾸던 풍경이 이곳, 오키나와에 있다.

오키나와에서 만난 누군가가 말했다.
열심히 하지 않는 게 내 신조예요.
그 말을 듣자마자 웃음이 나왔다. 그것은 여행에서 우리가 맛보고 싶은 것, 바로 여유와 느긋함 아닌가. 여행처럼 살고, 사는 것이 여행 같은 사람들이 오키나와에 살고 있었다.

몇 해 전 처음 오키나와에 갔을 때 숙소가 있는 역에서 유이레일을 내리자마자 비가 퍼부었다. 우산도 없는 채로 숙소는 어디쯤에, 하며 망연자실해 서있던 우리 앞에 작은 트럭이 멈춰 섰고 우리는 운전석의 남자에게 길을 물었다. 한없이 선량해 보이는 둥글둥글한 얼굴의 남자는 머리를 긁적이더니 어딘가로 전화를 해본 뒤 다시 머리를 긁적이고는 또 전화를 하더니 함박웃음을 지으며 데려다 주겠다며 트럭에 타라고 했다. 냉큼 올라타긴 했지만 이대로 오키나와 새우잡이 어선에 끌려가는 게 아닌가 하는 두려움이 뒤늦게 몰려와 몸을 떨었다. 싱겁게도 트럭은 금방 숙소 앞에 도착했다. 고맙다고 머리를 조아리는 우리에게 트럭 운전사는 싱글벙글하며 손을 흔들어주고 떠났다. 그리고 그날인가 그 다음날인가 오후, 슈리성 근처에서 또다시 길을 잃고 헤매던 우리를 태우고 한바탕 드라이브를 시켜준 뒤 목적지에 내려주고 쿨하게 손 흔들고 떠난 단발머리의 아가씨도 있었다. 거기에선 모두 그랬다.

난쿠루 나이사. 그것은 어떻게든 되겠지, 라는 오키나와 말. 태평하고 느긋한 '난쿠루 나이사'의 오키나와 사람들은 스스로를 우치난츄라고 부른다. 이 넉넉하고 상냥하고 유쾌하며 다소 헐렁한 우치난츄들에게 빠져들지 않을 도리가 없다.

어쩌면, 당신도 오키나와에 반할 지도 모르겠다.

첫 번째 여행

나 하 시

# 나하

하늘을 달리는 모노레일을 타고 아이처럼 두근거리다 도착한 국제거리는 정말 알록달록한 놀이공원 같다. 거리의 야자수, 원색의 건물, 밀도와 색이 다른 햇빛, 들뜬 관광객들. 오키나와의 관문인 나하시는 류큐 시대부터 지금까지 오키나와 정치, 경제, 문화의 중심지이며 30만 명 이상 거주하는 큰 도시다. 스타벅스와 맥도날드가 있고 기념품점이 줄을 잇고 일 년 내내 관광객이 넘치지만 한편에는 오키나와인들의 삶을 엿볼 수 있는 오래된 전통시장이 여전히 활기를 띤다. 번화가에서 살짝 벗어나면 전통 주택이 그대로 보존된 한적한 거리와 류큐왕조 최고의 건축물인 슈리성이 있는 정취 있는 돌길을 만날 수 있다.

## 관광지

국제거리
마키시공설시장 - 뉴파라다이스거리 - 우키시마거리
츠보야거리
슈리성

## 대중교통

유이레일 나하공항에서 국제거리를 거쳐 슈리성까지, 총 15개의 역을 통과하는 유이레일은 나하시 최고의 교통수단. 나하공항 국내선 빌딩 2층에서 탑승. 종점 슈리역까지는 27분 정도 소요. 티켓은 무인 티켓 판매기에서 구입, 역 이름이 한글로도 적혀 있다. 6:00~23:30 운행, 어른 230~330엔

유이레일 프리패스는 나하시에서 유이레일을 무제한으로 이용할 수 있는 교통패스. 슈리성 공원, 츠보야도자기박물관 등에서 제시하면 약간의 할인혜택도 있다. 국제거리까지 이동한 뒤, 국제거리 안에서는 도보로 이동 가능하므로 교통패스는 별 소용이 없다. 하루에 슈리성까지 다녀올 계획이 있을 때 구입하면 좋다. 1일권과 2일권이 있다. 1일권 어른 7백엔, 2일권 어른 1천 2백엔

## 국제거리

온 거리가 흥분과 열기로 흥성거린다. 국제거리다.
국제거리는 나하시를 대표하는 거리다. 유이레일 마키시역에서 겐초마에역까지 약 1.6㎞ 이어지는 길을 따라 시청을 비롯해 호텔과 은행, 쇼핑센터와 기념품숍, 식당, 카페 등이 밀집해 있다. 2차 세계대전 당시 미군의 공습으로 폐허가 되었으나 빠르게 복구를 이뤄내 '기적의 1마일'이라고 불렀다. 국제거리 중간 지점에 아케이드로 연결되는 마키시공설시장이 있고 사철 녹색 그늘을 드리우는 미도리가오카 공원을 시작으로 한적한 주택가에 아기자기한 숍과 카페가 들어선 뉴파라다이스거리가, 그리고 그 맞은편으로 세련된 편집숍들과 오래된 가게가 공존하는 우키시마거리가 펼쳐진다. 그야말로 인터내셔널하다.

매주 일요일 12시부터 18시까지는 차 없는 보행자 전용도로로 변한다. 차량은 진입 금지되며 버스도 우회한다. 국제거리 주변은 평소에도 교통량이 많은 편이니 렌터카보다는 도보나 유이레일로 움직이는 것이 좋다.
MAPCODE 333158579*80

1
2
3

## 1

해질녘, 국제거리는 스테이크 굽는 냄새로 가득하다. 거리에 즐비한 스테이크 가게들은 미군정 시대의 영향으로, 현재는 국제거리의 명물 먹거리가 됐다.

## 2

낯선 도시에서 서점을 즐겨 찾는다.
책 냄새 가득한 곳에서 알 수 없는 글자를 들여다보며 종이의 질감을 느껴보다 마음에 드는 디자인의 책을 발견하고 구입하는 것이 즐겁다. 국제거리에서 가장 큰 준쿠도 서점은 밤늦게까지 문을 열어서 저녁을 먹고 산책하듯 국제거리를 할랑하게 걷다 들러 폐점 시간을 알리는 음악이 나올 때까지 시간을 보냈다.

## 3

여행의 마지막 날 밤, 잠시 들른 돈키호테. 일용품부터 완구류, 패션잡화, 가전제품까지 판매하는 대형 할인 체인점으로 국제거리 마키시공설시장 바로 옆에 있다. 구경만 할 요량이었는데 어느새 홀린 듯 쇼핑바구니에 쓸어 넣게 되는 도깨비시장 같은 곳.

## 마키시공설시장

생선이 펄떡거리고 열대과일이 강렬한 향을 품어낸다. 마키시공설시장은 '오키나와의 부엌'이라 불린다.

마키시공설시장은 관광객은 물론 주민들도 즐겨 찾는 재래시장이다. 입구에서부터 알록달록한 열대의 색이 넘쳐난다. 교복을 입은 여학생들이 휴대폰 줄이라든가, 시사 인형, 모래를 채운 유리병 같은, 별로 쓸모없어 보이는 것들을 신나게 사고 있다. 눈에 보이고 손에 잡히는 것들은 금방 사라지겠지만 어딘가 한구석 남아 있어 문득 떠오를 추억을 부지런히 구매하고 있는 것이다. 즐거워 보인다. 오키나와풍 알로하셔츠인 가리유시가 꽃무늬를 흩날리고 오키나와 토산품숍과 전통 먹거리 가게들이 이어진다. 온갖 돼지 부속이 가득한 정육점과 치라가(돼지머리 껍질)가 수북이 쌓인 가게들. 오키나와에선 '돼지 울음소리만 빼고 다 먹는다'고 한다. 짙푸른 고야며 탱탱한 우미부도 등의 오키나와 고유의 식재료를 구경하다 바다 냄새가 나는 곳으로 고개를 돌리니 물속에 넣으면 그대로 헤엄칠 것 같은 생선들이 비늘을 반짝이며 누워 있다. 식재료를 사서 2층으로 올라가면 바로 요리해주는 식당들이 모여 있다. 시장 한편의 작은 커피가게에서 아이스커피를 한 잔 사서 다시 걷는다. 시장은 이치바혼도리(市場本通り), 헤이와도리(平和通り)가 아케이드로 연결된다.

WAY 마키시역에서 도보 10 분
ADD 那覇市松尾 2-10-1
OPEN 8:00~20:00
CLOSE 1~11 월 넷째 주 일요일

잠시, 멈춤

근사한 페도라를 쓴 주인이 한국은 언제 여행 가는 것이 좋으냐고 물었다. 벚꽃 피는 봄도, 바다가 눈부신 여름도, 단풍 고운 가을도, 어쩌면 하얀 눈 덮인 겨울 숲도 좋겠다고 머뭇거리며 답하자 이해한다는 듯, 사려 깊은 미소가 돌아왔다. 정답은 아마도, 떠나고 싶을 때 떠나는 것. 그것이 여행의 적기일 것이다.

한 평 남짓한 작은 공간에는 딱 좋을 만큼의 유쾌함과 적정한 온도의 상냥함이 떠돌고 있었다. 거미줄같이 이어진 시장 골목 곳곳, 작지만 각기 개성 넘치는 테이크아웃 커피점들이 오아시스처럼 살짝 숨어있다. 시장 커피라고 우습게 보면 큰 코 다칠 만큼 훌륭한 커피를 판매한다.

카페 파라솔
cafe
Parasol

WAY 마키시공설시장 안
ADD 那覇市牧志 3-3-1
OPEN 10:00~ 해질녘
CLOSE 부정기

## 시장 안 작은 헌책방

시장의 분주함도 책방 앞에선 잠시 가라앉고 느긋해지는 기분이었다. 무엇보다 시장 골목에 있다는 점이 마음에 들었다. 장바구니에 책을 한 권 사서 돌아간다는 건 얼마나 근사한 일인가. 옷 가게와 반찬 가게 사이, 다다미 석 장 크기의 '일본에서 가장 작은 서점' 우라라가 있다.
책방 주인 우다 도모코 씨는 도쿄에 있는 대형 서점 준쿠도의 직원이었다. 나하시에 지점이 생긴다는 소식에 전근을 자원해 열정적으로 서점 일에 매달렸으나 시간이 흐를수록 일이 점점 힘에 부치고 이런저런 고민이 시작되었다. 그러던 중, 한 헌책방의 홈페이지에서 '새로운 주인을 찾고 있다'는 글을 발견한 도모코 씨는 사표를 던지고 왠지 1이 많다는 이유로 2011년 11월 11일 11시, 꼼꼼한 계획도, 설계도 없이 덜컥 헌책방을 오픈한다. 울랄라, 인생은 간혹 그런 것이다.

헌책방
우라라
うらら

WAY 마키시공설시장 안
ADD 那覇市牧志 3-3-1
OPEN 12:00-19:00
CLOSE 일·화요일
WEB urarabooks.ti-da.net

## 뉴파라다이스거리

예전 이 거리에는 뉴파라다이스라는 사교댄스홀이 있어 멋쟁이 젊은이들이 부나방처럼 모여들었다. 댄스홀에는 춤과 음악과 술과 아름다운 여자들과 쭉 빼입은 남자들과 아마도 첫눈에 반하고 만 열정과 스쳐지나가는 사랑도 있었을 것이다. 그야말로 파라다이스, 뉴파라다이스다.

국제거리 중간쯤, JAL 시티호텔이 있는 사거리에서 살짝 모퉁이를 돌아 몇 걸음 걸었을 뿐인데 소란함은 사라지고 주택가 사이로 아기자기한 소품숍과 카페가 자연스레 어우러진 차분한 거리가 펼쳐진다. 댄스홀은 없어졌지만 뉴파라다이스거리는 여전히 매력적인 곳이다. 마치 블라우스 단추를 목까지 채운 얌전한 아가씨가 밤이 되면 향수를 뿌리고 또각또각 하이힐 소리를 내며 외출에 나서는 것처럼, 겹겹의 매력을 지녀 매혹적이다. 여기저기 예쁜 숍을 구경하며 할랑하게 걷다가 한 카페의 창가 자리에 앉았다. 창밖은 진홍빛으로 물들어가는 파라다이스다.

미에바시역 남쪽 출구에서 도보 4 분, 국제거리 JAL 시티호텔 옆 골목에서부터 시작

## 누군가 떠올랐다면, 선물

카로타 시타
carotta citta

노란 문 안에는 필시 예쁘고 귀여운 것들이 가득할 거란 생각이 들었다. 짐작이 맞았다. 일본의 감각적인 디자이너들의 의류와 잡화, 액세서리와 문구류를 판매하는 셀렉트숍 카로타 시타는 잠시 둘러보는 것만으로도 기분 좋아지는 가게다. 가게에서 판매 중인 한 브랜드의 팬이라고 고백하자 내내 담담하던 직원의 얼굴에 웃음이 피어오르며 직접 카탈로그를 가져와 한참을 자랑한다. 자신이 좋아하는 물건을 파는 가게라면 무얼 사든 성공일 것 같다. 받으면 기뻐할 사람들이 떠올라 몇 가지 작은 선물을 골랐다. 예상대로 좋아해 주었다.

WAY 뉴파라다이스거리
ADD 那覇市牧志 1-1-22
TEL 098-917-4427
OPEN 12:00~ 20:00
CLOSE 목요일
WEB http://carottacitta.elufe.com

## 매일매일 가고 싶은 다정함

시나몬카페
CINNAMON
CAFE

이럴 줄 알았어. 너무 맛있잖아.
아스파라거스와 새우가 얌전하게 올려진 카레를 먹고 후식으로 녹차케이크와 커피를 마시는 동안, 우리 앞자리에는 편한 옷차림인 엄마와 어린 아들이 마주 앉아 있었다. 엄마는 차를 마시고 아이는 케이크를 먹으며 조잘조잘대다 이따금 둘은 함께 웃었다. 모자가 나가자 빈자리는 능숙한 솜씨로 치워졌고 다시 그 자리에는 나이 지긋한 아저씨 한 분이 들어와 앉아 파스타 접시를 비우고 커피 한 잔을 느긋하게 마시고 떠났다. 조용한 거리 모퉁이의 아담하고 다정한 가게, 시나몬카페에는 일상을 살다 여행하듯 슬쩍 들른 동네 주민들과 먼 곳에서 온 여행자들이 산책하듯 들러 편안히 머물다 떠난다. 파스타와 카레 등의 간단한 식사 메뉴와 서너 종류의 수제 케이크, 다양한 음료가 있으며 저녁에는 근사한 칵테일을 맛볼 수 있다.

WAY 뉴파라다이스거리
ADD 那覇市牧志 1-4-59
TEL 098-862-2350
OPEN 12:00~22:00
CLOSE 부정기
MAPCODE 33157496*67

## 반해 버렸습니다

제가 추천하는 맛은 초콜릿을 올린 것과 시나몬을 솔솔 뿌린 것, 그리고 치즈를 올린 것도 꽤 괜찮습니다만, 역시 레몬즙을 살짝 뿌린 오리지널이 제일 인기 있다고 할까요……. 멋지고 상냥한 오빠의 목소리가 마법사의 신비로운 주문처럼 들려 얼이 빠져 있다가 초콜릿 같이 달콤하고 시나몬처럼 매혹적이고 부드러운 치즈 같고 레몬처럼 상큼한 미소에 더욱 혼미해져 갈팡질팡하다 가까스로 손가락으로 찍어 나온 도넛은, 동글동글하고 귀엽고 뜨겁고 달콤하고 맛있구나! 정신 차리고 보니 레몬즙을 살짝 뿌린 오리지널 도넛이었습니다.

볼도넛파크
Ball
Donut Park

WAY 뉴파라다이스거리
ADD 那覇市牧志 1-1-39
TEL 098-988-9249
OPEN 12:00~20:00
CLOSE 무휴
WEB www.balldonutpark.com

## 우키시마거리

거리의 이름은 지금은 없어진 우키시마호텔에서 연유했다. 뉴파라다이스 댄스홀에서 나온 젊은 남녀가 손을 잡고 대로를 건너 우키시마거리로 향하지 않았을까. 그저 추측일 뿐이다. 어디까지나 추측일 뿐이라니까요.

뉴파라다이스거리 건너 맞은편으로 시작되는 우키시마거리는 요즘 핫하게 떠오르는 거리로, 한적한 주택가에 트렌디한 숍과 카페들이 속속 들어서고 있다. 깨끗한 거리를 따라 부티크, 오키나와 잡화와 티셔츠 등을 판매하는 셀렉트숍, 빈티지숍, 수공예 액세서리숍 등과 세련된 카페와 식당들이 이어진다. 그런가 하면 30년 정도 동네 아줌마들의 스타일을 책임졌을 것 같은 미용실과 80년 넘게 한 자리를 지키고 있는 과자점도 나란히 이웃하고 있다.

국제거리 JAL 시티호텔 맞은편 길, 로손 편의점 골목

## 동심의 보물창고

빈티지숍
지사카스
じ-さ-かす

마키시공설시장에서 살짝 빠져나와 만나게 되는 깔끔하고 조용한 우키시마거리, 길가의 한 가게 앞에 무리지어 있던 젊은 여자들에게서 "꺄, 가와이"란 소리가 터져 나온다. 어린 시절 꿈꾸던 보물 창고를 발견하였다. 홋카이도의 추위에서 탈출해 따뜻한 남쪽 나라로 이주한 주인의 컬렉션은 빈티지 가구와 그릇, 소품, 미니어처 인형과 아기자기한 문구류에 이르기까지 방대하다. 독특한 물건들이 빼곡히 들어차있는 가게 안에서 홀린 듯 바구니를 채우게 될 확률 백 프로. 페코짱의 매력에 흠씬 빠져 가산을 탕진할 뻔했으나 다행히 이곳의 대부분의 물건은 저렴한 편이다. 여행의 선물을 구입하기에도 안성맞춤, 구경만 해도 시간 가는 줄 모른다. 덕후 취향이 있는 당신이라면 맘껏 욕망을 불태울 수 있을 것이다.

| | |
|---|---|
| WAY | 우키시마거리 |
| ADD | 那覇市牧志 3-4-6 |
| TEL | 098-943-1154 |
| OPEN | 11:00~19:00 |
| CLOSE | 부정휴 |
| WEB | www.facebook.com/Jisakasu0157 |

## 유니크 오키나와

미무리
MIMURI

검은 고양이 한 마리가 거리를 가로질러 쏙 들어간 곳은 이글거리는 태양 아래, 붉은 히비스커스가 흐드러지게 피어난 깊고 깊은 녹색 숲, 푸른 바다 속 고래가 헤엄치는, 앨리스의 이상한 정원. 그 안을 들여다보는 것만으로도 황홀해졌다. 오키나와의 동식물을 대담한 무늬와 강렬한 색채로 담아낸 디자이너 미무리 씨의 패션 잡화는 독특하고 개성이 넘친다. 심심한 옷에 하나 들면 단숨에 생기를 불어넣을 것 같은 파우치와 가방, 선물하면 와아, 하고 감탄사를 지를 것 같은 손수건, 간혹 잊고 싶지 않은 소중한 기억을 적어두고 싶은 수첩까지, 어느 것이나 욕심나서 장난감가게에 간 아이처럼 안절부절못하였다.

WAY 우키시마거리
ADD 那覇市松尾 2-7-8
TEL 050-1122-4516
OPEN 11:00~19:00
CLOSE 목요일
WEB www.mimuri.com
MAPCODE 33157228*10

## 오키나와 골동과자점

제사가 많은 큰집에는 벽에 난 작은 나무문이 하나 있어 어른들이 전을 부치고 떡을 써는 분주한 틈을 타 몰래 들어가 좁은 계단을 타고 오르면 어린아이라도 엉금엉금 기어 다녀야 하는 나지막하고 비뚜름한 천장 아래 보따리에 싸놓은 옷들과 제기들과 뭔지 모를 잡동사니들이 가득한 어둑한 다락방에는 늘 물엿으로 굳힌 쌀강정과 꿀에 졸인 약과라든가 콩가루를 입힌 엿이 고이 숨겨져 있어 두근거리며 제사에는 못 쓰겠지 싶은 가장 못나거나 부스러진 것을 하나 집어 얼른 입에 넣으면, 입안에서 사르르 달콤한 것이 녹았다. 해가 뉘엿한 조용한 우키시마거리에서 과자점을 발견했을 때 오래 전 다락방이 떠올랐다. "백 년을 목표로 오래오래 해보고 싶습니다."라고 말하던 성실한 인상의 주인이 오늘의 마지막 손님에게 주는 덤을 받아 들고 문을 나서자 가게 문이 조용히 닫혔다.

남도제과
南島製菓

WAY 우키시마거리
ADD 那覇市松尾 2-11-28
TEL 098-863-3717
OPEN 9:00~19:00
CLOSE 무휴

카페 소이
soi

## 무국적 가게의 따뜻함

소이 (soi) 란 태국어로 골목길을 말한다. 가게 이름대로 골목 안쪽 눈에 띄지 않는 곳에 소박한 가게, 소이가 있다. 소이의 주인장은 오키나와가 좋아 휴가 때마다 오키나와로 날아와 집을 빌려 시장을 보고 밥을 해먹곤 했다. 여분이 있는 오키나와의 공간과 시장, 그리고 신선한 채소가 좋았다고 한다.

따뜻한 목재를 사용한 가게는 다다미를 깐 좌식 공간과 열대의 나라에서 날아온 소품들, 그리고 긴 세월을 지내며 근사하게 낡은 가구들이 자연스럽게 어우러져 있다. 오키나와에서 먹는 태국풍 쌀국수도 나쁘지 않구나, 생각하는 참에 한국에서 온 우리를 위해 조용히 매운 양념을 건넨다. 잠시 우리가 여행하고 있는 곳이 어딘지 잊고, 따뜻한 국물을 후 - 후 - 하고 불어 마셨다.

W A Y   우키시마거리
A D D   那覇市松尾 1-7-18
T E L   080-5195-9265
O P E N   11:30~16:00
C L O S E   토 • 일

# 한 장의 그림 같은 식사

카페 마나
自然食と
おやつ mana

카페 마나를 찾았을 때, 고양이를 그리는 작가의 전시회가 있었다. 수채화 물감으로 가게의 벽에 그림을 그리던 작가는 손님들과 이야기를 나누다가, 문득 생각난 듯 고양이의 눈을 완성했고 다시 지인들과 이야기를 나누다가 수염을 마저 그려냈다. 그림을 보며 기다린 끝에 주방에서 내온 음식은 마치 캔버스에 그린 그림마냥 아름다웠다. 그림을 그리고, 음식을 만드는 일은 어쩌면 같은 일이 아닐까.

우키시마거리
那覇市壺屋 1-6-9
098-943-1487
11:00~17:00
화·수요일
okinawamana.ti-da.net

## 가장 좋은 건 여행의 첫머리에

우키시마 가든
浮島ガーデン

"당근이 맛있는 계절이에요."
점원이 추천해 준 오키나와산 당근요리를 깨어 물자 단맛이 배어나왔다. 깨끗한 유기농 와인의 맛과 조용히 들려오는 음악소리에 아, 이번 여행은 무척 좋을 것 같다는 기분이 들었다.

가게에 들어올 때부터 떠들썩하던 2층이 궁금하여 잠깐 구경해도 되냐고 점원에게 물었더니 흔쾌히 허락했다. 다다미가 깔려있어 그리들 편하게 식사를 했겠구나 생각하며 좁은 계단을 내려오는 나를 기다린 아까 그 점원은 정원도 보라며 직접 안내한다. 마치 자신의 소중한 것을 보이며 나의 반응을 기다리는 듯한 표정이었다. 마당에는 청순한 오키나와벚꽃이 피어있었다. 2월에 벚꽃이 피어있는 곳은 여기, 오키나와뿐이라며 웃었다. 음식 맛도 좋았지만, 자신의 가게를 진심으로 좋아하는 그 마음이 더 좋았다.

우키시마거리에 위치한 오가닉 채식 레스토랑 우키시마 가든은 오키나와의 농산물을 이용해 만든 채식 요리 전문점이다. 지은 지 60년이 된 가정집을 개조해서 화려하기보단 본래 가지고 있는 나무의 질감을 그대로 살려, 정성들여 꾸민 느낌이 무척 편안했다.

| | |
|---|---|
| W A Y | 우키시마거리 |
| A D D | 那覇市松尾 2-12-3 |
| T E L | 098-943-2100 |
| O P E N | 11:30~15:00 (L.O 14:00) |
| | 18:00~22:00 (L.O 21:00) |
| C L O S E | 목요일 |
| W E B | ukishima-garden.com/okinawa |

## 국제거리 한가운데

게스트하우스
카라
Guesthouse
KALA

아직 정식으로 오픈하기도 전에 이 숙소에 묵고 싶다고 생각한 건, sns에서 발견한 그들의 고생담(?) 때문이었다. 오래된 상가를 빌려 근사한 숙소로 변신시키는 과정을 보다보니 그 완성된 모습을 직접 보고 싶었다. 장하다고 이야기해주고 싶었다. 이런 이야기가 있는 장소들이 좋다.

"11시가 되면 조용해질 거예요."
주인의 말처럼 11시가 되자 국제거리의 시끌벅적한 소리가 잠잠해졌고, 동시에 약속이나 한 듯 사람들이 사라졌다. 마치 off 스위치를 누른 듯 국제거리는 어둠 속에 잠겼다. 그리고 다음날 아침, 다시 on 스위치는 눌러져 사람들로 가득한 거리를 몰래 지켜볼 수 있었다.
하룻밤, 잘 지냈습니다.

W A Y 겐초마에역 도보 7 분
A D D 那覇市松尾2-1-1(3층)
T E L 098-927-5709
W E B kala.okinawa

## 츠보야거리

햇살이 하얗게 부서지는 돌길을 따라 차분한 거리를 걷는다. 막 마키시공설시장의 소란에서 빠져나온 참이라 거리의 고요가 갑자기 딴 세상처럼 낯설게 느껴진다. 마치 시간이 어긋난 곳에 온 기분이다. 몇백 년 훌쩍 거슬러 간 세상.

흙이 좋고 항구와 가까워 교역이 쉬웠던 츠보야 지역은 1682년 류큐왕조가 오키나와 각지의 도자기 가마들을 이곳으로 통합하면서 지금의 모습이 되었다. 단정한 돌길 양쪽으로 약 50개의 도예 공방과 작고 아담한 도자기 판매점, 카페들이 모여 있다. 골목으로 접어들면 정취 있는 고민가가 남아있는 주택가, 지붕과 담 곳곳에서 다양한 모습의 시사를 만나게 된다.

어디선가 고양이 한 마리가 나타나 느긋하게 앞장선다. 미야자키 하야오의 <귀를 기울이면>처럼 고양이를 따라가면 골동품 가게에 도착할 수 있을 것 같다. 고양이를 따라 한 공방 안으로 들어갔다.

W A Y 마키시역
도보 15분,
하얏트 호텔 맞은편
으로 이어지는 길
MAPCODE 33158039*50

# 달 아래 귀여운 아기 곰의 행방

야치토문
yacchi&moon

조용하고 나붓한 츠보야거리, 아기 곰이 마당에서 줄을 타고 있는 귀여운 숍을 발견했다. 야치토문. 오키나와 도자기를 가리키는 야치문을 yacchi&moon 이라고 지은 이름에서 숲 위로 조용히 떠오르는 은빛 달과 그 달빛 아래 곰들이 원을 그리고 춤을 추는 메르헨적인 상상을 하고 말았다. 가게 안에 들어가면 상상이 그대로 재현된 공간을 만날 수 있다. 오키나와의 야치문은 모셔두고 보는 작품이 아니라 생활자기로서 오키나와인들의 밥상에서 사랑을 받은 소박하면서도 아름다운 그릇들이다. 야치토문의 그릇들을 살펴보면 오키나와의 야치문이 어떤 방향으로 가고 있는지 짐작할 수 있다. 오키나와 흙과 햇살로 빚고 오키나와의 숲과 바다와 동식물을 색과 무늬로 담아냈던 야치문의 전통은 그대로 이어받으면서 현대적인 감각을 더해 당장 식탁 위에 올려도 이질감 없는 아름다운 그릇들을 만들어내는 것이다. 자신이 지닌 소중한 것이 무엇인지 알고, 그것을 지키고 있는 모습이 부러웠다.

WAY 츠보야거리
ADD 那覇市壺屋 1-21-9
TEL 098-988-9639
OPEN 10:00-19:00
CLOSE 부정기
WEB yacchimoon.ti-da.net

## 단정한 도자기 가게

"사진 찍어도 되나요?"
라고 묻지 않을 수 없었다. 화려한 오키나와 유리공예 제품을 일본 특유의 단정한 느낌으로 진열해 놓은 이곳은 무심히 놓인 청소용 빗자루마저 카메라 셔터를 누르게 한다.

구마구와
guma guwa

WAY 츠보야거리
ADD 那霸市壺屋 1-16-21
TEL 098-955-4685
OPEN 10:30~18:30
CLOSE 무휴
WEB www.facebook.com/guma guwa
MAPCODE 33158039*70

## 소박하게 아름다운

차타로
茶太郎

가게 문을 열고 들어서자 밀도도 온도도 다른 공기가 느껴졌다. 얇은 천을 드리운 커튼 사이로 스며든 햇살에 오키나와의 도예가들이 마음을 기울여 빚어낸 아름다운 그릇들이 담담히 빛나고 있었다.

오키나와를 여행할 계획이라는 지인이 내게 물은 적이 있다. 오키나와 음식은 어때요? 잠시 생각한 뒤에 나는 대답했다. 굉장히 다양한 음식을 맛볼 수 있을 거예요. 스테이크와 햄버거부터 소바와 초밥까지. 하지만 진정한 오키나와 음식을 말한다면 그건 아마 자연에 가까운 형태일 거예요. 오키나와는 원시림과 바다, 너른 사탕수수 밭이 있는 곳이죠. 확실한 건 음식에 꼭 어울리는 그릇에 담겨 나올 거라는 거예요. 소박하게 아름다운 그릇이죠. 내 말에 지인이 미소 지으며 답했다. 나쁘지 않을 것 같네요. 그런 오키나와를 닮은 그릇을 이곳, 차타로에서 만날 수 있다. 차타로에서 산 작은 간장 접시와 수저받침은 말수는 적지만 가끔 쿡쿡 웃게 하는 농담을 건네는 친구처럼 내 좋은 식탁 메이트가 되어주고 있다. 차타로에 들를 때마다 고운 그릇에 소담하게 담은 흑설탕 젠자이를 먹곤 했는데 아쉽게도 카페 영업은 쉬고 있다.

W A T 츠보야거리
A D D 那霸市壺屋 1-8-12
T E L 098-862-8890
O P E N 10:00~19:30
C L O S E D 부정기
MAPCODE 33158094*58

## 창밖은 맑은, 여행자의 아침

에스티네이트 호텔  
ESTINATE HOTEL

일어나자마자 창문 밖 날씨를 확인하는 여행의 아침. 다행이다. 오늘의 날씨는 맑음.
잠에 미련두지 않고 침대를 박차는 바지런함은 여행지에서만 일어나는 기적.

미에바시역 부근에 위치한 에스티네이트호텔은 국제거리에서 살짝 벗어난 조용한 주택가에 위치한 시티호텔. 최근 리모델링해서 깨끗한데다 비교적 저렴한 가격에 이용할 수 있어서 선택했다. 일본의 시티호텔답게 꼭 있어야 할 것만 놓인 작은 방이었지만 사각거리는 시트가 덮인 침대는 편안했고 가구나 작은 소품까지 신경 써서 고른 듯해서 좋았다. 1층의 바겸 레스토랑에서 조식을 먹을 수 있는데 눈썹이 짙은 서글서글한 오빠가 싹싹하게 메뉴를 설명해준다 (일본 본토의 송구스럽기까지 한 깍듯한 친절과 달리 오키나와의 직원들에게는 뭔가 이웃집 오빠 같고 삼촌 같은 붙임성이 있다). 잠시 뒤 테이블 위에 인스타그램을 위해 차려낸 것 같은 조식이 놓여, 몹시 기뻐져 버렸다.

| | |
|---|---|
| W A Y | 미에바시역 도보 10 분 |
| A D D | 那覇市松山 2-3-11 |
| T E L | 098-943-4900 |
| W E B | www.estinate.com |
| MAPCODE | 33157811 |

## 역시 스테이크!

얏빠리 스테이크
やっぱりステーキ

밤이면 스테이크 굽는 냄새가 자욱한 국제거리에서 살짝 벗어난 미에바시역 근처, 조용한 주택가 길 모퉁이에 위치한 작은 식당 얏빠리스테이크. 동네 주민들과 여행객들이 자연스레 어우러지는 소박한 식당에서 부담 없는 가격에 충실한 스테이크를 맛볼 수 있다. 얏빠리는 '역시'라는 뜻. 가게에 들어서자마자 활기 넘치는 인사가 울려 퍼진다. 싹싹한 청년이 건넨 종이 앞치마를 목에 두르고 고기 냄새에 혼미해지려는 정신을 단단히 붙들어 매고자 샐러드와 된장국을 아삭아삭, 후루룩 번갈아 씹고 마시며 (밥과 된장국과 샐러드는 무한리필이다) 은혜로운 고기님과의 알현을 경건하게 기다린 끝, 드디어 박진감 넘치는 기름 쇼를 경험하게 된다. 철판 위에서 맹렬하게 고기즙을 내뿜는 스테이크를 썰어 입에 넣은 순간 절로 나오는 한 마디. 으음, 얏빠리이이.

여행의 밤은 스테이크와 차가운 오리온 맥주 한 잔.

WAY 미에바시역 도보 10 분
ADD 那覇市松山 2-7-16(2 호점 )
TEL 098-988-3344
OPEN 11:00~ 다음날 7:00
CLOSE 일요일

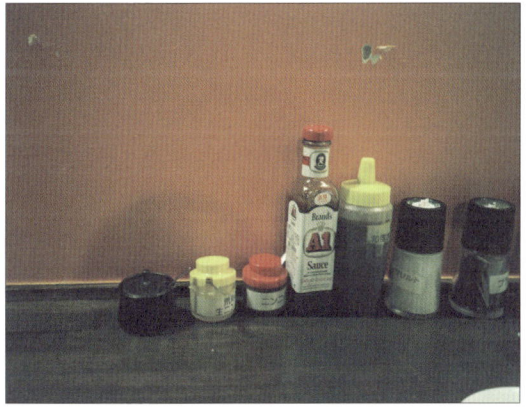

## 청량하고 포토제닉한

온오프에스노
onoffyesno

그곳은 너무 청량해서 바깥의 열기는 단숨에 잊어버렸다. 용과와 바나나를 갈아 만든 스무디, 시콰사와 파인애플을 갈아 찰랑찰랑하게 채워준 주스를 마시니 뭐랄까, 오키나와를 통째로 맛본 듯한 기분이었다. 네네, 나도 모르게 조금 과장하고 말았습니다. 하지만 너무도 신선하고 맛 좋아서 감탄하고 또 감탄해버린 것은 사실입니다. 가게 안은 어느 곳이나 포토제닉하고 스무디와 주스 역시 사진 찍히기 위해 태어난 것처럼 어여뻤지만 조금이라도 더 예쁘게 찍고 싶은 욕심을 불태우다가 우리를 구경하는 주인을 향해 "부끄럽습니다" 하고 얼굴을 붉히며 사과하자 주인은 "다들 그런다"고 미소 지어줬다 (다행히 손님은 우리뿐이었다). 그리고 하나 더. 나는 원래 뭐 잘 안 권하는 소심한 성격이지만 이곳 화장실은 꼭 가보길 권한다. <거울 나라의 앨리스>에 나올 법한 환상적인 화장실이다. 화장실 권해보긴 처음입니다, 네네.

W A Y 마키시역 도보 15분
A D D 那覇市樋川 2-1-23
T E L 098-987-4143
O P E N 7:00~17:00
C L O S E 월·화요일
W E B www.onoffyesno.jp

## 스탬프를 찾는 모험

슈리성
首里城

류큐 왕조의 왕궁이었던 슈리성은 나하시의 간판스타. 붉은 지붕과 기둥, 산호 석회암 돌벽은 일본 본토 어디에서도 찾아볼 수 없는 독특한 양식으로, 류큐왕조 고유의 건축 양식에 일본과 중국의 영향을 받았으리라 추측되는 아름다운 건물이다. 1945년 오키나와 전쟁 때 소실되었다가 최근 복원되었다. 성은 외곽과 내곽으로 나뉘며 여러 개의 문을 지나게 되는데 맨 먼저 만나게 되는 성문은 2000년을 맞이해 기념 발행한 2,000엔 지폐에 등장할 정도로 유명한 '슈레이몬'이다. 당시 책봉 관계였던 명나라의 사신을 환영하는 의미로 지은 성문인 '간카이몬'을 통해 성곽 안으로 들어가 물시계와 해시계를 지난 뒤 '코후쿠몬'에서 입장권을 사서 내곽으로 들어가면 비로소 국왕의 거처였던 붉은 건물 '세이덴'과 만나게 된다. 푸른 하늘에 대비되는 선명한 붉은 건물에 반했지만 그보다 더 마음을 빼앗긴 건 스탬프. 어쩐지 경쟁적으로 스탬프를 찍으며 모든 건물을 전투적으로 돌고난 뒤 완성된 슈리성 지도에 그만 뿌듯해지고 말았다.

- WAY 슈리역에서 도보 15 분
- ADD 那覇市首里金城町 1-2
- TEL 098-886-2020
- OPEN 4~6 월 8:00~19:30
  7~9 월 8:00~20:30
  10~11 월 8:00~19:30
  12~3 월 8:00~18:30
  ( 폐장 한 시간 전 입장 )
- CLOSE 7 월 첫째 주 수·목요일
- FEE 입장료 어른 820 엔
  고교생 620 엔
  초·중학생 310 엔
  ( 유이레일패스 소지자 할인 )
  슈레이몬부터 코후쿠몬까지는 무료, 세이덴과 서원 등은 유료 구간
- WEB oki-park.jp/shurijo/ko
- MAPCODE 33161497*55

## 아름다워 한참을 걷다 보면

긴조초 돌길

으리으리한 쇼핑몰이나 유명 관광지보다 작은 시장과 조용한 동네를 좋아한다. 좁은 골목길을 따라 걸으며 줄에 널린 빨래와 대문 너머로 마당에 서있는 나무와 그 아래 놓인 의자를 구경하고 아, 오늘 이 집은 생선구이를 먹는구나, 짐작해보며 걷다가 길을 잃고 헤매는 일은 내가 여행에서 기꺼이 즐겨하는 '딴짓'이다. 슈리성 근처에는 일부러 헤매고 싶은 근사한 돌길이 있다. 슈리성 슈레이몬에서 왼쪽으로, 긴조초 돌길 표지를 따라 굽이굽이 이어지는 단정한 돌길은 16세기 슈리성과 귀족들이 살았던 긴조초 마을을 잇는 길로, 건설 당시에는 10여 키로미터 정도의 길이였다. 길 끝, 돌담 너머로 붉은 꽃이 흐드러지게 피어있다. 지붕 위 시사가 웃는다.

W A Y 슈리성역에서 도보 25분
A D D 那覇市首里金城町 1
MAPCODE 33161423*83

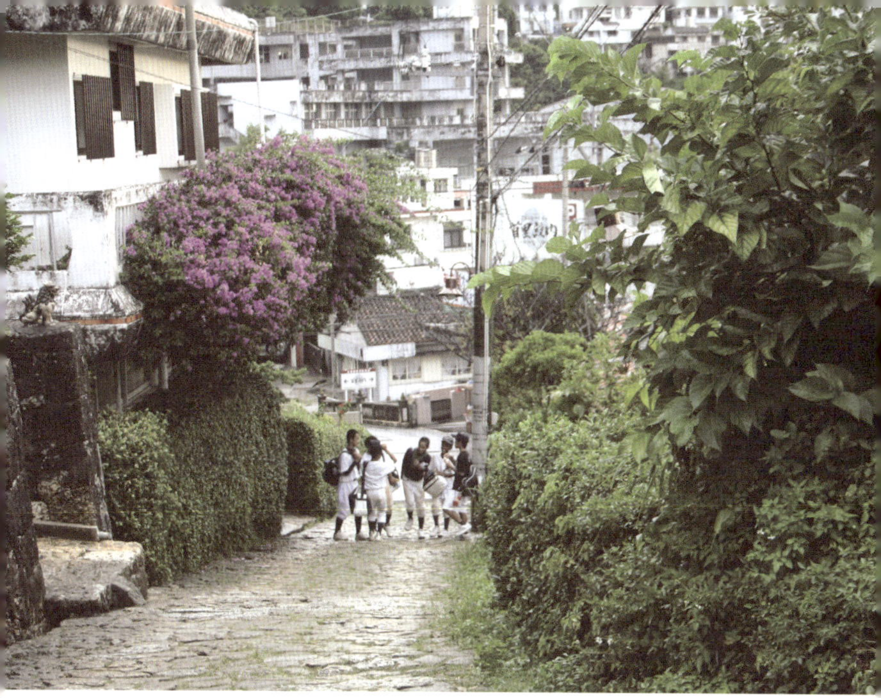

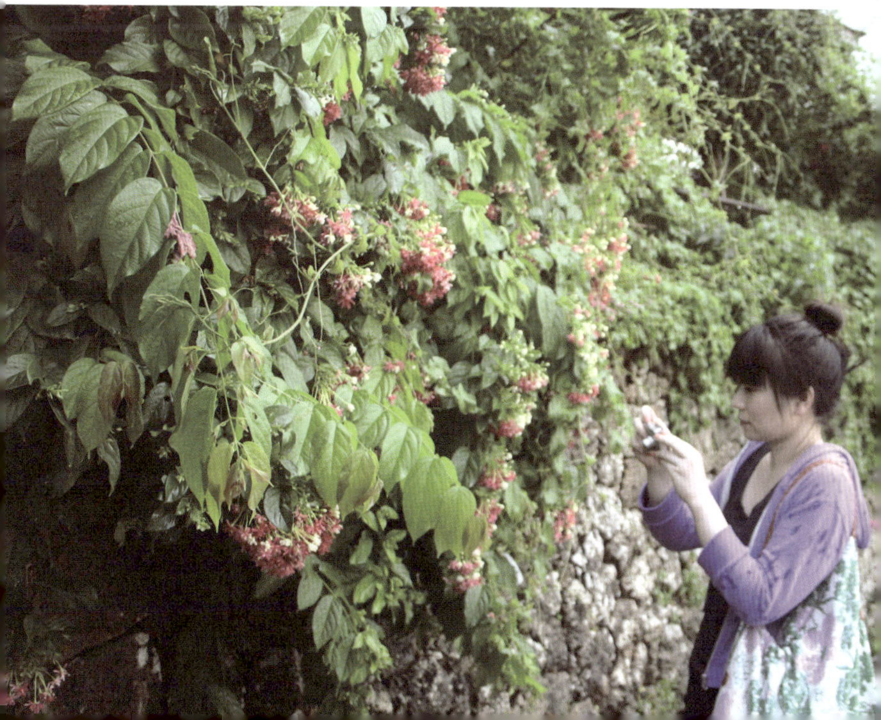

## 고민가에서 맛보는 오키나와 가정식

류큐차방
아시비우나
琉球茶房
あしびうなぁ

산사에 들어온 기분이구나. 중얼거렸을 때, 정원의 나무가 푸른 잎을 조용히 흔들었다. 슈리성 가는 길, 붉은 꽃이 흐드러진 돌담 너머 새 우는 소리가 들리는 정원에 둘러싸인 고즈넉한 고민가. 이곳이 명당자리구나, 싶은 툇마루에 앉아 정원을 잠시 내다보고 있자 주문한 음식들이 정갈하게 차려진다. 천천히 맛을 음미하고 싶어 눈을 초록이 빛나는 곳으로 돌린다. '아시비우나'는 '내 정원으로 놀러오세요'란 뜻이다.

아시비우나에서는 소바와 찬푸르, 돼지고기조림 등의 오키나와 가정식을 맛볼 수 있다. 런치 정식 메뉴는 밥과 회, 모즈쿠 등 간단한 반찬이 같이 나오는 구성이 좋다.

WAY 슈리역 도보 15분
ADD 那覇市首里当蔵町 2-13
TEL 098-884-0035
OPEN 11:00~23:00
(브레이크 타임
15:00~17:00,
라스트 오더 22시)
CLOSE 공휴일
WEB ashibiuna.ryoji.okinawa
MAPCODE 33161797*46

# 로손 편의점

로손 간판을 보면 왠지 안심이 되었다. 꺅, 귀여워! 소리 지르며 산 밀크커피는 생각보다 평범한 맛. 아침으로 먹을 요쿠르트와 우유, 자마미두부를 사러, 저녁 찬거리로 인스턴트 미소수프와 샐러드를 사러, 늦은 밤 출출할 때를 대비한 야식거리와 맥주를 사기 위해 참 열심히도 드나들었다.

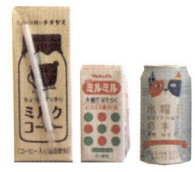

## 블루실

매일매일 아이스크림을 먹었다. 신나서 매장을 나서자마자 무섭도록 강렬한 열기에 아이스크림은 이내 녹아내렸다. 아이스크림은 언제나 태양과 반 나눠 먹는다.

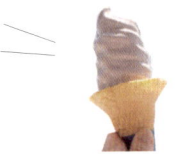

W A Y 마키시역 도보 10 분
A D D 那霸市牧志 3-6-20
T E L 098-866-8888
W E B naha.regency.hyatt.com
MAPCODE 33158211*30

## 유이레일은 푸른 하늘 위를 달리고

창문 밖으로 유이레일이 보인다. 며칠 동안 봐와 정겨워진 풍경. 곧 그리워질 것을 알고 있다. 여행이란 늘 어딘가를 마음에 품는 일. 떠나온 곳도 떠나갈 곳도.
이제 나하시를 떠나 중부로 간다.

호텔 하얏트리젠시 나하는 유이레일 마키시역에서 도보로 5분 거리, 국제거리에 인접해 있지만 도심의 소란에서 한 발짝 물러나있는 느낌이다. 아마도 조용한 츠보야거리가 바로 호텔 앞에서 시작되기 때문일 것이다. 최근 오픈해 모든 것이 깔끔하고 사각거리는 시트와 유기농 브랜드 파마코피아(pharmacopia) 제품으로 꼼꼼히 준비한 욕실 어메니티가 마음에 들었다. 아마도 그것이 체인 호텔의 장점이자 단점일 것이다. 짐작과 거의 다르지 않은 서비스를 받을 수 있지만 색다른 즐거움이나 재미는 찾을 수 없는 것. 그것은 말쑥한 양복 차림의 남자에게서 별 매력을 느끼지 못하는 것과 마찬가지. 아, <킹스맨>의 콜린 퍼스가 있었습니다. 원래 멋진 남자에게 근사한 수트는 화룡점정이지요. 사실, 하얏트에서 묵는 내내 편했습니다. 젠틀했달까요.

호텔
하얏트리젠시
나하
Hotel
Hyatt regency
Naha

두 번 째 여 행
## 중부

# 중부

무엇을 골라야 할지 황홀한 고민에 빠지게 되는 아이스크림매장처럼 오키나와의 중부는 알록달록한 매력이 가득한 곳이다. 미군들이 살다 떠난 주택가에서 개성 넘치는 가게들이 즐비한 거리로 탈바꿈한 미나토가와를 비롯해 포토제닉한 대관람차가 있는 아메리칸빌리지, 울창한 숲과 주택가에 조용히 숨어있는 성실하고 근사한 식당과 카페들, 중부의 랜드마크라 할 수 있는 만자모와 잔파곶, 그리고 해중도로를 따라 달리는 시원한 바다. 아, 어느 곳 하나 아름답지 않은 곳이 없다!

# 관광지

미나토가와 스테이트사이드타운
아메리칸빌리지
트로피칼비치
해중도로 - 이케이섬
문비치
잔파곶 - 잔파비치
만자모

# 대중교통

공항에서 중부 리조트까지 각 호텔을 경유하는 리무진버스나 나하에서 아메리칸빌리지나 만자모 같은 유명 관광지로 가는 버스가 있지만 대중교통으로 여행하기는 아무래도 좀 불편하다. 중부의 매력을 제대로 맛보려면 렌터카를 이용하는 것이 좋다.

미나토가와 스테이트사이드타운 나하버스터미널이나 국제거리 겐초키타구치 (県庁 北口) 정류장에서 20번, 28번, 29번, 129번 버스로 미나토가와 (港川) 정류장에서 하차

아메리칸빌리지 나하버스터미널에서 20번, 28번, 29번 버스, 나하공항에서 120번 버스로 쿠와에 (桑江) 정류장에서 하차

문비치 나하공항에서 문비치호텔 리무진버스 운행, 나하공항에서 120번 혹은 나하버스터미널에서 20번 버스

잔파곶 나하버스터미널에서 28번 요미탄 행 버스

만자모 나하공항에서 120번 혹은 나하버스터미널에서 20번 버스로 온나손야쿠바마에 (恩納村役場前) 정류장에서 하차, 도보 15분

# okinawa

만*

문비치
• 문비치호

푸른동굴

잔파곶
NY 카페
• 류큐무라
잔파비치

• 자키미성터
• 요미탄도자기마을
요미탄손
• 스이엔

오키나와시

자탄초

• A&W • 로기
• 스파이스모텔
아메리칸빌리지
• 쿠루ㄷ
• 스시밧텐
• 플라우만스런치
• 디앤디파트먼트
기노완시

트로피칼비치  고메야마쓰쿠라

이페코페
니와토리
포트리버마켓
오하코르테
아메리칸웨이브

미나토가와 스테이트사이드타운 •   • 무나카타도
우라소에시

## 미나토가와 스테이트사이드타운

미군정 시절, 오키나와의 중부에는 미군들과 그 가족들이 거주하는 외인주택단지가 곳곳에 조성되었다. 주말이면 바비큐 냄새로 가득 차던 작은 마당이 딸린 서양식 단층 건물들이 작은 거리를 따라 이어진 주택가는 미군들이 떠나며 남겨졌다. 그중 하나가 미나토가와다. 어느 날부터인가 버려진 주택가에 새로운 입주인들이 속속 이사해왔다. 그들 중 상당수가 새로운 삶을 꿈꾸며 일본 본토를 떠나 오키나와로 이주한 사람들이었다. 그들은 자신들이 그리는 꿈을 담은 충실하고도 아름다운 가게들을 열고 매일매일 성실하게 가꿔가고 있다. 그래서인지 미나토가와를 둘러보는 내내 편안했다. 그것은 좋아하는 것을 열심히 하고 있는 사람들이 주는 신뢰와 안정에서 느끼는 단단한 즐거움 때문 아니었을까.

WAY  나하버스터미널이나 국제거리 겐초키타구치(県庁 北口) 정류장에서 20번,
28번, 29번, 129번 버스 타고 미나토가와(港川) 정류장에서 하차
ADD  浦添市港川 2-9-9
MAPCODE 33341033*25

# 시간을 들여 얻는 기쁨

이페코페
ippe coppe

식빵이 다 팔렸을까봐 조마조마한 마음으로 가게에 들어서자 주인이 느긋한 미소로 맞아준다. 은은한 빵 굽는 냄새가 햇살과 함께 떠도는 곳, 봉긋하게 부풀어 오른 식빵이 다소곳이 기다리고 있다. 아, 다행이다. 오키나와에서 대학을 다닌 주인 니시무라 쓰요시 씨와 오키나와가 고향인 아내 미나코 씨는 오키나와에 빵집을 열기로 마음먹고 홋카이도를 시작해 일본 전국의 빵집과 카페를 돌아보며 자신들의 가게를 마음속에 차곡차곡 그려갔다. 적당한 장소를 찾던 어느 날, 마당에 아세로라 나무가 우거진 집을 발견하자마자 생각했다. 아, 이곳이야. 그렇게 느리고 성실하게 문을 연 이페코페는 미나토가와에서 이웃주민과 관광객들에게 가장 사랑 받는 곳이 되었다. 홋카이도산 밀가루와 오키나와 북부 오기미손의 지하천연수, 구메지마 섬의 천연소금 등, 좋은 재료만으로 스무 시간에 걸쳐 천천히 발효해 하루에 스무 개 정도만 구워내는 식빵은 만들자마자 금세 동이 난다.

시간을 들여 맛있는 빵을 사러 가는 것은 아무 것도 아닌 일일 지도 모르지만, 그 소소한 일들이 여행을 즐겁게 한다.

W A Y    미나토가와 내
A D D    浦添市港川 2-16-1
T E L    098-877-6189
O P E N   12:30~18:30
         품절시 종료
C L O S E  화·수요일
W E B    www.ippe-coppe.com
MAPCODE  33341033*52

니와토리

にわとり

아세로라의 찻집

사각사각, 하얀 얼음가루가 흩날린다. 줄을 서서 기다린 빙수를 들고 그늘을 찾아 앉는다. 햇살이 반짝반짝 빛나고 새소리가 조용하게 들려온다. 나뭇잎 사이로 가만히 불어오는 바람이 달다. 아, 매일이 오늘 같았으면!
햇살 좋은 오후, 아세로라 나무가 시원한 그늘을 드리우는 이페코페의 예쁜 마당에는 작은 찻집 '니와토리'가 문을 연다. 딸기, 시콰사, 용과 등의 수제 시럽을 뿌린 서너 종류의 빙수는 여름에만 맛볼 수 있는 메뉴다.

WAY 미나토가와 내
ADD 浦添市港川 2-16-1
TEL 098-877-6189
OPEN 12:30~18:30
CLOSE 화·수요일

## 넉넉하고 상냥한데다 유쾌한

포트리버마켓
portriver market

어릴 때 나 살던 동네에는 같은 반 아이의 이름을 딴 작은 가게가 있어 저녁이면 엄마 심부름으로 두부 한 모를 사러 달려가곤 했다. 각종 식료품은 물론 몸에는 틀림없이 나쁠 것 같지만 그래서 매혹적인 알록달록한 과자와 만화주인공이 그려진 스티커에 정신이 팔려 있는 동안 온 동네 사람들이 한 번씩은 가게를 다녀갔다. 뭐가 어디 있는지 모를 정도로 물건이 빽빽하게 들어찬 비좁은 곳에서 주인은 모기약이며 파리채, 마른 북어, 실내화와 양은냄비, 심지어 꽃무늬치마까지 척척 찾아주어 나는 선반 뒤에 고래 한 마리도 숨겨져 있을 거라고 생각했다. 그곳은 작지만 없는 것이 없는 시장이었다. '포트리버'는 미나토가와(港川)를 영어로 표기한 것, 그러니까 '포트리버마켓'은 미나토가와시장이라는 뜻이다. 도쿄에서 이주해온 주인은 시장처럼 여러 가지 물건을 팔고, 여러 사람이 모일 수 있는 공간을 만들고 싶었다고 한다. 말 그대로 가게 안에는 의류와 패션잡화, 그릇과 인테리어 소품, 유기농식료품, 그리고 유쾌한 활기가 가득하다. 신발을 벗고 현관에 단정히 준비된 슬리퍼를 신고 가게 안으로 들어선다. 슬리퍼 아래로 느껴지는 마룻바닥의 감촉이 편안하다. 오래전 기억처럼.

WAY 미나토가와 내
ADD 浦添市港川 2-15-8
TEL 098-911-8931
OPEN 11:00~18:00(월·수·금)
　　　12:30~18:00(화·목·토)
CLOSE 일요일

## 타르트, 고양이, 오후의 티타임

오하코르테
ohacorte

나붓한 햇살도, 정성들여 모양낸 타르트도, 향긋하게 입안에 퍼지던 홍차의 맛도, 정원에 잠든 고양이도, 그 안의 모든 것이 좋았다.

예쁜 박스에 홀려 쿠키와 타르트샌드를 구입했는데 작은 새 모양의 쿠키는 귀여워서 먹기 아까울 정도 ( 물론 먹었습니다. 맛까지 귀여웠습니다 ). 어느 것 하나 소홀한 구석 없는 이 살뜰함은 미나토가와 본점 외에도 마쓰오점, 오로쿠점, 나하공항점 등에서도 만날 수 있다.

WAY 미나토가와 내
ADD 浦添市港川 2-17-1
TEL 098-875-2129
OPEN 11:30~19:00
CLOSE 무휴

## 오래된 영화처럼

한바탕 소나기가 쏟아지기 직전, 고양이 집사가 안내한 그 곳의 노란 문을 열자 오래된 영화의 한 장면이 기다리고 있었다. 1920~1980년대 빈티지 제품을 판매하는 아메리칸 웨이브는 오래된 가구와 반짝이는 물건들이 가득한 진열장, 예쁜 프린트의 드레스가 가득 걸린 드레스룸 등 가정집으로 쓰이던 원래의 건물을 최대한 살린 덕에 누군가의 집에 초대받은 느낌이었다. 빗소리를 들으며 조용히 드레스룸에 걸린 옷들을 고르며 파티에 가기 위해 드레스와 목걸이를 고르는 오래된 영화의 주인공이 되어 보았다.

아메리칸
웨이브
american
wave

WAY 미나토가와 내
ADD 浦添市港川 2-16-9
TEL 098-988-3649
OPEN 12:00~20:00
CLOSE 4~6월·9월 중순~
10월의 화요일
WEB www.americanwave.jp

## 소녀는 떠나고 소년은 기억했다

아메리칸빌리지
American
Village

오래 전에 봤던 영화에 나온 코니아일랜드가 떠올랐다. 브루클린의 바닷가에 위치한 알록달록한 유원지, 코니아일랜드. 그곳에서 영화의 주인공들은 서투르고도 풋풋한 첫 데이트를 했다. 어째서인지 영화의 줄거리나 제목은 생각나지 않지만 역광에 황금빛으로 빛나던 소녀의 머리카락와 바람에 흩날리는 모슬린 원피스, 그런 소녀를 수줍게 훔쳐보던 소년의 입에 가만히 떠오르던 미소, 그때 천천히 돌아가기 시작하던 대관람차와 아리도록 푸른 하늘만은 노출 과다로 찍힌 필름 사진처럼 희미하고도 아련하게 기억에 남아있다. 조금은 촌스럽지만 민트아이스크림 같았던 첫 데이트의 기억, 그것이 아메리칸빌리지의 느낌.

아메리칸빌리지는 미군이 쓰던 비행장을 반환받아 그곳에 미국 서해안을 모델로 개발한 유원지다. 미국 직수입 상품과 구제 의류를 판매하는 '아메리칸 데포', 일본의 대형 체인 쇼핑몰인 '이온몰 자탄점' 등의 대형쇼핑몰과 영화관, 레스토랑, 카페 등이 모여 있으며 이름처럼 일몰이 아름다운 선셋비치가 있다.

WAY 나하에서 차로 국도 58 번 타고 50 분 소요, 나하버스터미널에서 20, 28, 29 번 버스, 나하공항에서 120 번 버스 타고 쿠와에 정류장에서 하차
ADD 中頭郡北谷町字美浜
WEB www.okinwa-americanvillage.com
MAPCODE 33526452*52

## 좋은 일이 있는 날

스시밧텐
海鮮ばってん

따뜻한 국과 밥이 필요한 날 찾아간 식당은 가족 모임, 계모임, 동창 모임 등 온갖 모임을 위해 모인 사람들이 만든 들뜬 분위기에 괜히 마음이 놓였다. 바쁜 와중에도 서비스는 차분하고 정확했으며, 맛 또한 실망시키지 않았다. 가까운 바다에서 잡은 생선으로 만든 그날의 생선정식과 초밥세트를 먹으며 잠시 여행자가 아닌 동네 사람이 되어보았다.

WAY 아메리칸빌리지 내
ADD 北谷町字美浜 2-5-8
TEL 098-921-7270
OPEN 11:30~14:30(L.O 14:00)
　　　17:00~23:00(L.O 22:00)
CLOSE 부정기

## 우연히 만난 푸드플리마켓

계획한 대로 흘러가지 않는 것이 여행이기도 하지만 의외의 모습으로 깜짝 놀래키기도 하는 것이 여행이다. 모자를 두고 와 허겁지겁 돌아간 호텔에서 내 눈에 들어온 건 푸드플리마켓을 알리는 포스터! 이후의 일정은 모두 무시한 채 우리는 트로피칼비치로 달렸다.

트로피칼비치 옆 기노완항 마리나 녹지공원에서 두 달에 한 번, 일요일에 열리는 이 마켓은 유명 카페와 베이커리, 수공예품숍, 개인 셀러들이 참가해 손님을 맞는다. POTOHOTO coffee, GORDIES BURGER, Captain Kangaroo 등 유명 맛집들이 모두 모여 있어, 긴 이동거리 때문에 눈물을 머금고 포기해야 했던 여행자들에겐 절호의 기회다. 단, 긴 줄은 감수해야 한다.

파란 바다와 하늘을 배경으로 빨강, 파랑, 노란 색을 칠한 푸드트럭에선 맛있는 냄새가 풍겨 나왔고, 묘하게 들뜬 사람들은 지친 기색도 없이 긴 줄에 몸을 내맡기고 있었다. 사람이 모이는 곳에 음악이 있고, 흥에 겨운 사람들은 춤을 추고 내 마음도 풀어져 느긋한 마음이 되었다. 다양한 국적에 아이부터 어른까지 한데 모여 먹고 춤추는 이 곳이 어디인지, 몇 시인지는 중요하지 않았다. 그리하여 한참을 기다려도 나오지 않는 치즈버거를 기다리며 뜨거운 햇살을 맞으며 잔디밭에 아무렇게나 누워버렸다. 아아, 음식을 기다리는 것쯤은 얼마든지 할 수 있어. 다행히 오리온 맥주는 충분했다.

오키나와 여행 중 가장 좋은 날씨를 우린, 푸드플리마켓에 써버렸다.

트로피칼비치
Tropical Beach

WAY 나하시에서 차로 30분
ADD 宜野湾市真志喜 4-4-1
TEL 098-897-7017
WEB www.facebook.com/okinawafoodflea
MAPCODE 33402418*33

CAPTAIN KANGAROO

氷

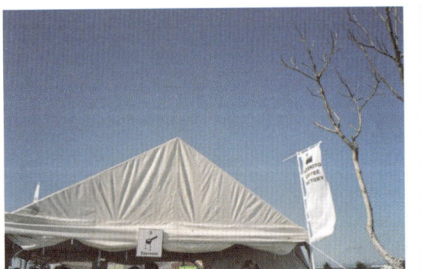

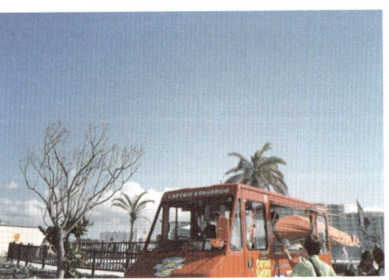

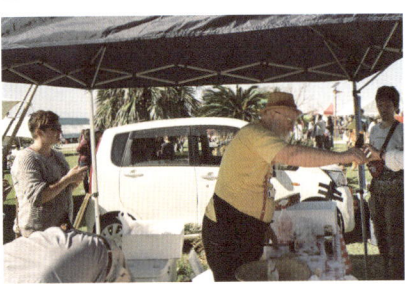

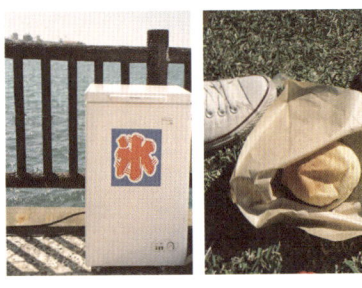

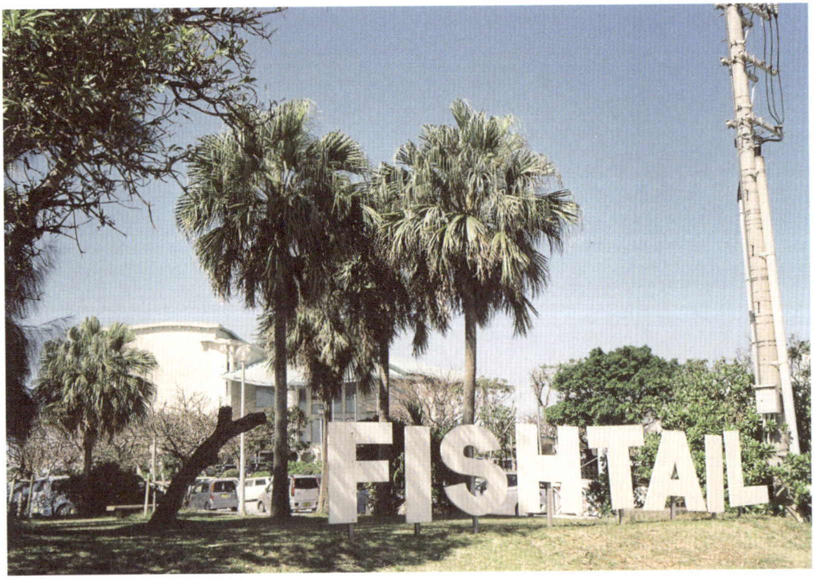
FISHTAIL

# 쯉쯉쯉, 창가에서 도마뱀이 울었다

스파이스 모텔
spice motel

밤이면 별을 올려다보며 내일의 날씨를 짐작했다. 세상의 불빛과 동떨어진 명확한 어둠 속에서 훅, 숲 냄새가 풍겨왔다. 쯉쯉쯉, 야자수 잎 사이로 도마뱀이 울었다. 별이 쏟아졌다.

좋은 숙소를 발견하고 기대에 부흥하는 하룻밤을 보낸 뒤의 충족감이 여행의 전부는 아닐지도 모르지만 여행의 기쁨을 높이는 것은 분명하다. 창으로 스며드는 청량한 빛에 잠이 깬 아침, 묘한 설렘과 충만감이 내 안에서 서서히 차올랐다. 천장의 실링팬이 조용히 바람을 만들어낸다.

이 이름도 수상한 스파이스모텔은 미군정 시대에 지어진 모텔을 최근 다시 개조한 부티크호텔이다. 레트로풍의 객실과 독특한 외관은 미국 서부 어딘가, 황량한 드라이브웨이에 문득 나타날 것처럼 이국적이고도 근사하다. 1층의 객실 중 '오리지널룸'은 호텔이 세워진 70년대의 모습을 재현한 룸으로, 우리는 이곳과 2층의 새로 꾸민 객실 모두에 묵어봤는데 모두 만족도가 높았다. 조식 서비스는 없지만 리셉션데스크에서 매일 아침 커피와 도넛을 준비해준다. 저번에 묵지 않았어요? 하고 알아봐준 눈썰미 좋은 남자 직원을 비롯해 스태프 모두가 친절했다!

WAY 아메리칸빌리지에서 차로 30분
ADD 中頭郡北中城村喜舍場 1066
TEL 098-923-1066
WEB spicemotel.com
MAPCODE 3349949713

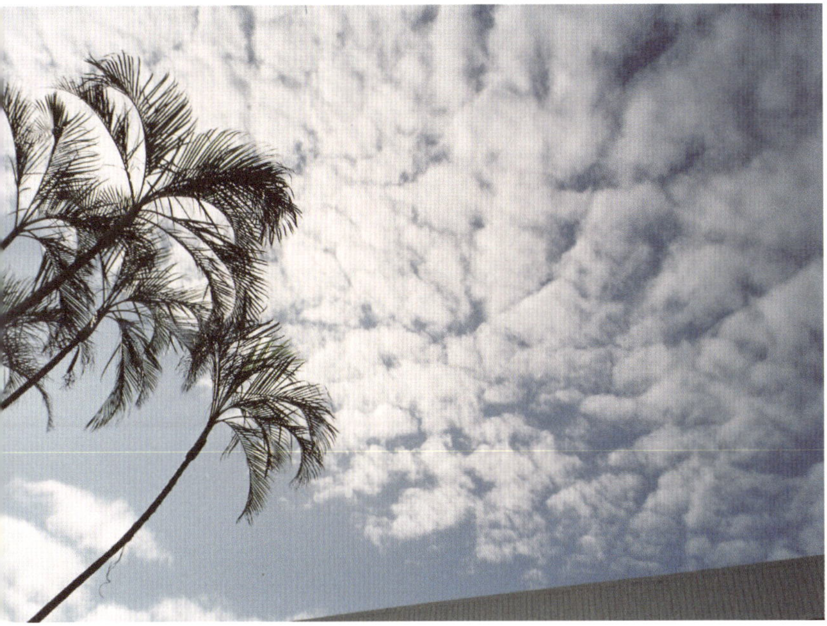

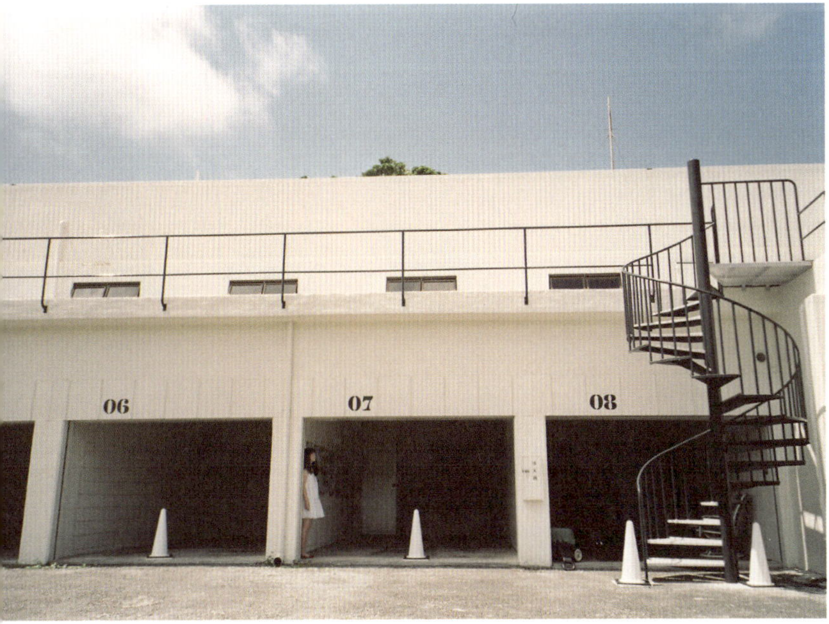
06
07
08

## 비행의 연착륙, 행복과 가까운 곳

플라우만스
런치 베이커리
ploughman's
lunch bakery

이렇게 맛있는 것을 매일 먹으며 살고 싶어.
숲이 우거진 창밖을 바라보며 커피를 한 모금 마신 뒤, 동생이 고개를 끄덕여주었다.
멀리 바다가 보이는 야트막한 언덕 위, 야자수 사이에 조용히 위치한 가게에서는 매일 아침 갓 구운 빵과 신선한 채소로 소박한 한 끼를 차려낸다. 주인은 원래 건축가였다. 스페인으로 유학을 떠나기 전, 오키나와로 이주해 살던 부모님을 찾았다가 잠시 카페 아르바이트를 한 것이 주인의 인생을 돌려놓았다. 그렇게 삶이란, 간혹 그 방향을 짐작할 수 없는 것. 마치 여행이 촘촘한 계획보다는 우연히 마주친 풍광에 더 이끌리듯.
플라우만스 런치(ploughman's lunch)란 '농부의 점심'이란 뜻으로 영국의 펍에서 빵과 치즈, 샐러드 등을 한 접시에 담아내는 메뉴다. 이 가게에서 8~12시에 맛볼 수 있는 'A.M. 플레이트'는 갓 구운 빵에 스크램블드에그와 샐러드, 수프를 곁들인 근사한 메뉴, 하루 딱 열 접시만 판매한다. 아보카도 오픈샌드위치를 비롯한 몇 종류

의 샌드위치와 빵은 감동스럽다. 그것은 아마도 그 맛이 장소와 분위기, 그리고 말로 표현할 수 없는 몇 가지의 요소에 더할 나위 없이 잘 부합했을 때 빚어내는 조용한 울림일 것이다.

WAY 나하공항에서 차로 50분
ADD 中頭郡北中城村 安谷屋 927-2
TEL 098-979-9097
OPEN 8:00~16:00
CLOSE 일요일
WEB www.ploughmans.net
MAPCODE 33440756*31

무나카타도
宗像堂

## 기쁨공장의 굴뚝 위를 뭉게뭉게 떠다니는

아이들이 뛰놀며 웃는 소리, 온기가 남아있는 가마, 뒷마당의 아름드리나무, 길게 매달려 있는 그네, 햇살이 부시게 떠돌던 기막힌 오후. 언제까지나 마음에 담고 싶은 상냥하고 아름다운 풍경. 바사삭, 하고 맛있는 소리를 내며 빵이 부서졌다.

숲을 마당으로 품고 있는 빵집, 무나카타도는 오키나와에서 천연 효모를 이용한 건강하고 담박한 빵을 처음으로 선보인 곳이다. 효모로 반죽한 빵이 한나절 동안 천천히 숙성하는 동안 가게 한쪽의 돌가마에 불이 지펴지기 시작한다. 열기와 시간과 정성으로 빚어낸 빵은 햇살이 잘 드는 선반에 단정하게 진열된다.

W A Y 나하공항에서 차로 50분
A D D 沖縄県宜野湾市嘉数 1-20-2
T E L 098-898-1529
O P E N 10:00~18:00
C L O S E 수요일
W E B www.munakatado.com

어느 것이나 먹음직스러운 빵 앞에서 고심 끝에 토마토와 치즈를 넣은 치아바타샌드위치와 수프를 주문해 야외테이블에 앉았다. 속 깊은 그늘과 신선한 햇살, 향기로운 숲이 입안에 가득 찼다.

## 행복의 모양을 한 상자

쿠루미샤

クルミ舎

20이라는 하늘색 숫자가 쓰인 하얗고 네모난 상자갑 같은 집의 이름은 호두 건물. 그 안에는 오래된 가구와 그 위에 조르르 놓인 유리병마다 가득 채워진 이국의 스파이스, 좋은 냄새를 풍기며 보글보글 끓는 냄비를 들여다보고 있는 넓은 터번을 쓴 아키상, 아세로라 나무가 그늘을 드리우고 있는 넓은 잔디밭까지. 이 모든 걸 뭉뚱그려 단어를 만든다면 바로 행복 아닐까.

다양한 스파이스로 맛을 낸 커리정식과, 일본식 도자기에 담겨 나오는 케이크 모두 정성이 듬뿍 담긴 맛이다.

WAY 나하시내에서 차로 40분
ADD 中頭郡北中城渡口 1871-1
TEL 098-935-5400
OPEN 11:00~16:00
(재료 소진시 마감)
CLOSE 일·월요일
WEB kurumisha.ti-da.net

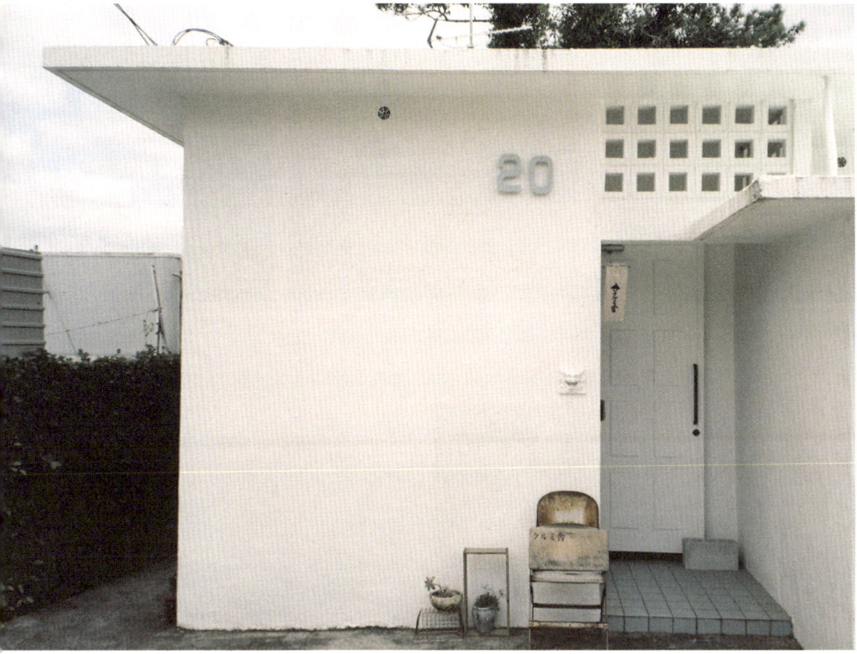
20
クルミ舎

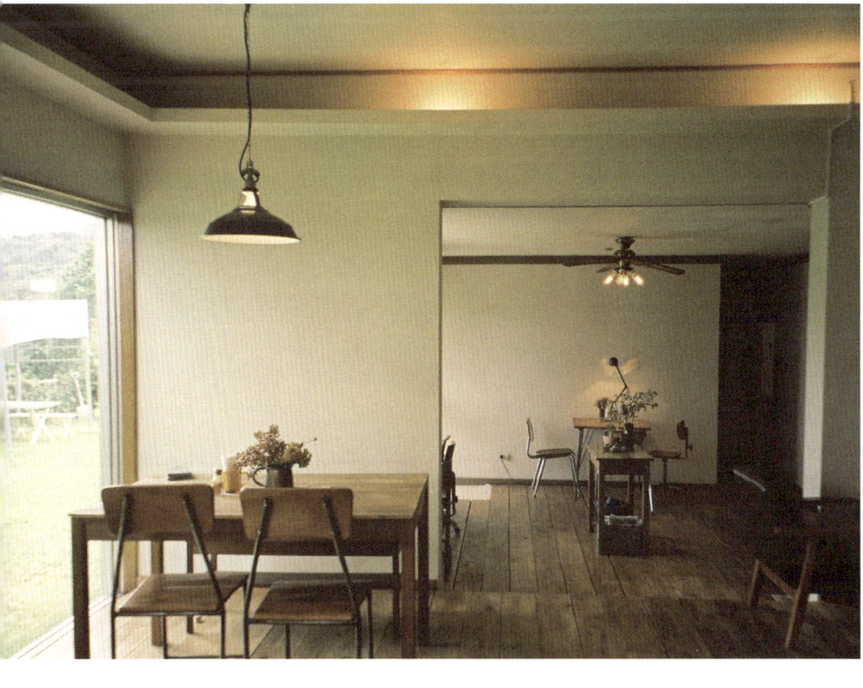

로기
roguii

## 매일 이런 아침이라면

차마 떠지지 않는 눈을 비비며 도착한 그 곳은 언덕 위에 위치하고 있어, 식탁에 앉으니 바다가 내려다보였다.
< 맛있는 아침을 짓고 있으니 조금만 기다려주세요 >
라고 씌인 안내문을 보며 아아, 이런 게 행복이구나, 라며 잠 대신 따뜻한 아침을 선택하길 잘 했다고 고개를 끄덕인다. 직접 구운 빵으로 만든 샌드위치와 수프는 따뜻하고, 재료 그대로의 정직한 맛이 났다. 바다를 바라보며 소박한 아침을 먹는 것. 여행자만이 느낄 수 있는 작은 사치 아닐까.

WAY 아메리칸빌리지에서 차로 30분
ADD 沖繩市与儀 2-11-38
TEL 098-933-8583
OPEN 9:00~17:00
( 토·일 18:00 까지 )
CLOSE 화요일
WEB roguii.hudor.net

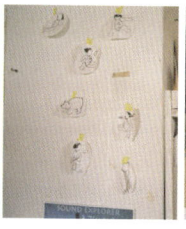

# 당나귀가 사는 빵집

스이엔
水円

숲을 품은 빵집; 스이엔에는 당나귀가 살고 있다. 스이엔의 주인 소이치 씨는 돌가마로 빵을 구워내는 '무나카타도'를 방문하고 '그림책 같은, 꿈같은 세계'에 감동해서 장작 패는 일부터 배우기 시작했다. 이윽고 시간이 흐른 뒤 소이치 씨는 동화의 행복한 결말처럼 꿈에 그리던 자신의 빵집을 열게 됐다. 우리가 창가 자리에 앉아 빵과 수프를 먹는 동안 동네 주민들이 들어와 주인과 인사를 나누며 빵을 사고 여행자는 조용히 책을 읽으며 쉬어갔다. 창밖으로 고양이가 유유자적하게 마당을 가로질러 걸었다. 간혹 나비가 팔랑 날아오르기도 했다. 카페 뒤로 이어지는 풀밭에서 한가롭게 풀을 뜯는 당나귀를 한참 바라보다 인사하고 발걸음을 옮기며 문득 이곳에 다시 올 수 있을까, 하는 생각이 들었다. 다시 오지 못하더라도 동화를 닮은, 꿈 같은 이곳은 잊을 수 없으리라고 나는 예감했다.

WAY 잔파곶에서 차로 15분
ADD 讀谷村座喜味 367
TEL 098-958-3239
OPEN 10:30~ 19:00
(품절시 종료)
CLOSE 월·화·수요일

## 잘 먹었습니다

고메야
마쓰쿠라
米や松倉

집에 돌아오면 별 거 없는 줄 알면서도 냉장고문을 열어 본다. 지치고 고단한 날이면 불을 켜고 들어간 집안에 우렁각시가 차려 놓고 간 따뜻한 밥상이 기다리고 있으면 좋겠다. 그런 날이면 고메야마쓰쿠라에서 먹었던 갓 지어 윤기 흐르던 밥이 생각날 지도 모르겠다.

식당 주인인 아사노 하야토 씨는 일본 본토에서 직장 생활을 하다 남쪽 섬을 동경하여 오키나와로 이주했다. 신세를 진 주변 사람들에게 답례의 뜻으로 본가에서 수확한 쌀을 선물했는데 쌀을 먹어본 사람들의 판매 요청이 쇄도해 가게를 차리게 됐다. '고메야'는 쌀가게, '마쓰쿠라'는 아사노 씨의 본가에 있는 산 이름이다. 처음에는 쌀만 판매했는데 손님들의 청으로 주먹밥을 팔기 시작했고 얼마 후 몇 가지 반찬을 곁들인 가정식을 냈다.

생선정식과 닭고기정식을 시켜보았다. 질그릇에 지어낸 밥과 직접 만든 된장으로 끓인 국, 오키나와의 땅과 바다에서 난 신선한 재료로 만든 반찬으로 차린 소박한 한 상. 참으로, 맛있는 한 끼였다.

W A Y 나하시에서 차로 25분
A D D 宜野湾市大山 2-11-26
T E L 098-943-1058
O P E N 화~목요일 11:30~14:30
　　　 금~일요일 18:00~21:00
C L O S E 월요일
W E B komeya.okinawa
M A P C O D E 33374557

## 소녀들은 엔다를 먹고

에이앤더블유
A&W

출출해서 숙소 근처 A&W 매장에 들렀다. 오키나와에서 블루실 다음으로 자주 눈에 띄는 곳이 바로 A&W 햄버거 가게. 너른 매장 한 편에 중년의 아줌마들이 담소를 나누며 햄버거를 먹고 있었다. 학교 앞 떡볶이처럼, 오키나와의 소녀들은 A&W 햄버거를 먹고 자랐다. A&W는 미국의 패스트푸드 체인점으로, 창업자인 알렌(Allen)과 라이트(Wright)의 이니셜을 더해 '에이앤더블유'라고 이름 지었는데 오키나와 사람들은 '엔다'라는 애칭으로 불렀다. 1963년에 오키나와에 오픈한 A&W 매장은 일본 최초의 패스트푸드점, 현재는 오키나와에만 있다. 자, 엔다에 왔으니 돼지고기, 쇠고기, 치즈, 양파링, 토마토와 양상추가 탑처럼 쌓인 엔다의 대표메뉴 '더 엔다 버거'와 루트비어를 주문한다. 누군가 루트비어를 복불복이 연상되는 물파스 맛이라고 했는데, 그 정도까지는 아니에요.

WAY 아메리칸빌리지에서 차로 15분
ADD 北中城村屋宜原 700
TEL 2098-933-1479
OPEN 24시간 영업
CLOSE 무휴

## 확실하고도 기분좋은 취향

디앤디파트먼트 오키나와
D&DEPARTMENT OKINAWA

디앤디파트먼트는 디자이너 나가오카 겐메이가 만든 가구·잡화점으로 롱라이프 디자인을 모토로 일본의 각 지역에 맞는 디자인을 만들기 위해 노력하고 있다. 2000년 도쿄를 시작으로, 오사카, 도야마, 후쿠오카 등으로 확대해 가는 가운데 오키나와점은 주택 디자인을 하는 오키나와 스탠더드와 협력하여 2012년 7월에 문을 열었다.

1층에는 믹스 라이프 스타일이란 가구·잡화점이 있고, 2층에 디앤디파트먼트와 카페 유니존이 있다. 바다가 보이는 길 한 켠 파란 하늘을 배경으로 한 오래된 건물이 오키나와를 설명해준다. 포장지가 예쁜 오키나와산 라면과 소바를 구입하고 나오는 길, 하늘이 기가 막히게 맑았다.

WAY 아메리칸빌리지에서 차로 15분
ADD 宜野湾市新城 2-39-8
TEL 098-894-2112
OPEN 11:00~19:00
CLOSE 화요일
WEB www.d-department.com
MAPCODE 33437101*63

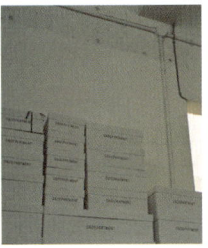

## 하늘엔 태양, 바다엔 달

**문비치**
**Moon**
**Beach**

파라다이스는 어쩌면 초승달 모양일지도 몰라.

몇 년 전 오키나와에 간다고 했을 때 그가 말했다. 거기 괜찮은 데가 있어. 문비치라고.
그는 일본인이었다. 여간해서는 싫은 내색도, 좋은 기색도 잘 비치지 않으며 추천이나 반대도 한사코 사양하는, 이 식물처럼 무욕, 무위, 무미건조한 남자의 얼굴에 미세한 홍조가 떠오르는 걸 보고 난 생각했다. 여자랑 간 모양이군.
과연. 하얗고 푸른색이 초승달 모양의 활을 그리고 있는 이 아름다운 해변에서라면, 도무지 사랑에 빠지지 않을 수 없겠다.
문비치는 문비치호텔 앞에 펼쳐진 프라이빗 비치. 호텔에 묵지 않아도 이용료 5백엔을 지불하면 신비롭도록 푸른 바다가 당신 차지가 된다.

W A Y 나하공항에서 차로 1시간 20분, 나하공항에서 문비치호텔행 리무진버스가 있고 나하공항이나 국제거리에서 120번, 나하버스터미널에서 20번 버스를 타면 1시간 50분 소요
A D D 国頭郡恩納村字前兼久 1203
F E E 입장료 5백엔
MAPCODE 206096587*33

달과 가까운 곳

문비치 호텔  
Moonbeach  
Hotel

그곳이 완벽하게 좋은 호텔이라고 말할 수는 없을지 몰라도, 완벽하게 좋은 여행의 밤이었던 건 분명했다.
문비치호텔은 1975년 미군들을 위해 지어진 오키나와 최초의 리조트다. 1975라는 숫자의 울림답게 호텔은 다소 고풍스럽지만 고풍스럽다는 말이 낡거나 오래됐다는 말과 반드시 일치하는 건 아니다. 한바탕 물놀이를 한 뒤 저녁을 먹기 전에 호텔 주위로 난 산책로를 걸었다. 잔디 위

로 떨어진 릴리와디를 줍다 고개를 돌리자 조금 전 빠져 나온 푸른 바다는 황금빛으로 물들어가고 있었다. 잔디 밭 끝에 서있는 작고 예쁜 채플을 발견하고 잠긴 문틈을 엿본다. 어린 시절 들여다본 몽환적인 만화경처럼, 어느 순간 문득 떠올라 아련하여서. 아마도 그것이 내 마음 속에 오랫동안 있었던 모습, 고풍(古風)일 것이다. 젖은 머리 사이로 가만히 바람이 지나갔다.

ADD 国頭郡恩納村字前兼久 1203
TEL 098-965-1020
WEB www.moonbeach.co.jp
MAPCODE 206096557

## 동네 산책

문비치 부근의 동네를 걸었다. 지나는 사람은 적었고 유독 환한 햇살이 비추는 것 같은 거리는 단정하였다. 귀여운 가게에 들어가 타코라이스를 먹고 동네 아이들 틈에 끼어 빙수도 먹었다. 여행자로서 유명 관광지도 아닌 일상의 장소를 엿보는 것은 묘한 기분이 들게 한다. 일부러 찾지 않으면 아마도 다시는 올 일 없을 거리를, 한참 동안 바라보았다.

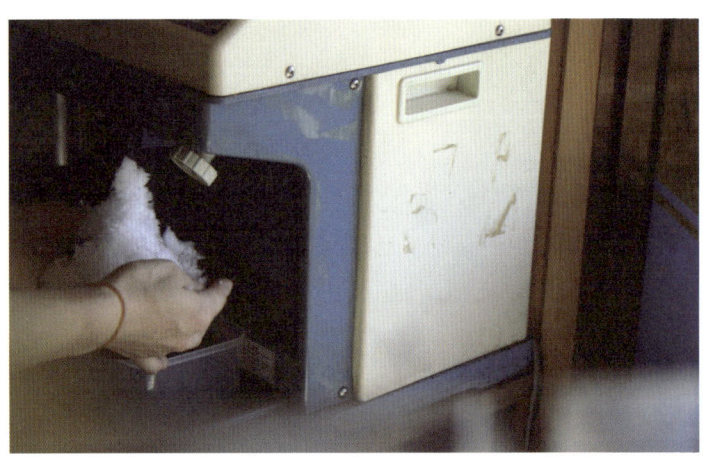

## 서쪽 끝, 하얀 등대

잔파곶
残波岬

푸른 파도가 몰아치는 검은 바위 위 하얀 등대. 세상의 바람이 모두 불어오는 듯한 서쪽 끝 절벽, 제주도의 섭지코지가 떠오르는 그곳은 오키나와에서 가장 해가 오래 머문다고 한다.

W A Y  나하공항에서 차로 한 시간, 나하버스터미널에서 28번 요미탄행 버스로 한 시간 30분
A D D  中頭郡読谷村字宇座 1861
T E L  098-982-9216
MAPCODE  1005685378*55

## 눈부신 태양, 신기루의 바다

형광 색 수영복을 입은 가족들이 즐거이 물속으로 뛰어든다. 넘치는 기쁨, 작열하는 태양, 그리고 눈부신 바다.

잔파곶에서부터 고작 5백여 미터에 위치한 깨끗하고 잔잔한 잔파비치는 잔파로얄호텔이 인접해 있고 글라스보트와 수상스키 등의 해양스포츠도 즐길 수 있다.

잔파비치
残波ビーチ

WAY 나하공항에서 차로 한 시간, 나하 버스터미널에서 28 번 요미탄 행 버스로 한 시간 30 분
ADD 中頭郡読谷村字宇座 1933
MAPCODE 1005656693*33

## 반해 버려도, 난 몰라

NY 카페
NY Cafe

야자수가 가로수라니 근사하다. 조그맣게 중얼거린다. 바다를 마주한 집들이 이어지는 깨끗하고 한적한 마을이 마음에 들어 천천히 달리다 결국 차를 세운다. 예쁜 천이 나부끼는 근사한 집이 궁금해 기웃거리자 창 너머로 상냥한 미소가 나타난다. 도쿄 출신으로 오키나와에 여행 왔다가 오키나와가 고향인 남편을 만나 결혼해 이곳에 살게 됐다는 주인은 오키나와와 베트남을 좋아하고 딸은 동방신기의 열렬한 팬이라고 했다. 이에 우리는 일본 배우 카세 료를 좋아하고 오다기리 조를 사랑한다고 고백했다. 야자수가 그늘을 드리운 바다를 향한 창가 자리에서 맛볼 수 있는 것은 베트남 샌드위치인 반미. 바삭한 바게트 사이에 신선한 채소와 불맛 나게 구운 새우 혹은 치킨을 넣은 두 가지 종류다. 맛도 좋지만 이 낭만적인 자리라면 무언들 좋지 않을까. 바람이, 바다로부터 불어왔다.

WAY 잔파곶에서 차로 10분
Nagahama 버스정류장 맞은 편
ADD 読谷村長浜 135-3
TEL 090-8668-0980
OPEN 11:30~16:00
CLOSE 일요일~화요일

## 바다를 달린다

해중도로
海中道路

보는 것만으로도 가슴이 탁 트이는 도로 양 옆으로는 푸른 바다가 펼쳐져 있어, 제법 강태공 흉내를 내는 꼬마가 낚시를 드리우고 카메라를 향해 포토제닉한 미소를 지어주던 잘생긴 개가 푸른 물결을 가르며 수영하고 (완벽한 개헤엄이었다) 동네 사람들이 해안을 따라 한가롭게 산책을 했다. 4.7 킬로미터에 달하는 도로 끝에는 아름답고 고요한 헨자섬과 미야기섬을 지나 아늑한 바다를 품은 이케이섬이 나타난다.

W A Y 나하공항에서 고속도로나 330 번 국도를 타고 한 시간
A D D うるま市与那城屋平
M A P 499576274*45

## 사탕수수의 섬, 바닷가 마을

**이케이섬**
**伊計島**

바다를 향해, 태양을 달려, 초록 사탕수수밭을 지나, 마침내 도착했다. 푸른 파도로 둘러싸인 이케이섬이다.

늦은 오후에 도착한 이케이비치는 해수욕을 즐기던 사람들이 다 떠나고 고요하였다. 백사장이 아늑하고 바다색이 고와 주말이면 현지인들이 해변에서 바비큐파티를 즐긴다. 이케이비치를 걷다 섬 안쪽으로 걸음을 옮긴다. 어느 집이나 바다를 향해 서있는 작은 마을을 둘러보며 지붕 고치는 것도 구경하고 문이 활짝 열린 마당 안의 강아지도 들여다본다. 골목길을 돌면 언제나 푸른 바다.

WAY 나하공항에서 고속도로나 329번 국도를 타고 한 시간 20분 소요
ADD うるま市与那城伊計 405
TEL 098-977-8464
OPEN 해수욕 4~10월
FEE 4백엔
WEB www.ikei-beach.com
MAPCODE 499794094*71

# 코끼리의 절벽 사이로 부서지는 빛

만자모
万座毛

만자모는 류큐 쇼케이 왕이 '만 명이 앉을 수 있을 만큼 넓다'고 감탄한 데서 유래한 이름이라고 한다.
남들 다 간다고 해서 가보았으나 평소 남들 별로 안 좋아하는 배우나 가수를 흠모하며 흐뭇해하는 우리 자매는 이제 봤으니까 가자, 하고 총총히 자리를 떴다. 제주도에 가면 꼭 성산일출봉에 가야하거나 주상절리에 몹시 감동 받은 사람이라면 추천합니다!(우리도 주상절리에는 잠시 감동했어요.)

WAY 나하공항에서 차로 한 시간, 나하공항에서 120번 버스, 나하버스터미널에서 20번 버스로 한 시간 반
ADD 国頭郡恩納村恩納 2870-1
FEE 무료
MAPCODE 206282879*14

## 오키나와소바가 먹고 싶은 날

오랜 시간 자리를 지키며 직접 면을 뽑는 이 식당은 생각보다 단정한 모습을 하고 바다를 향해 있었다. 바다를 바라보며 면발을 후루룩후루룩. 해가 천천히 저물어가고 있었다.

나카무라소바
なかむらそば

W A Y  만자모에서 차로 5분
A D D  国頭郡恩納村字瀬良垣 1669-1
T E L  098-966-8005
O P E N  10:30 ~ 17:00
MAPCODE  206 314 302 *63

세 번째 여행
# 북부

# 북부

짙푸른 숲과 푸른 바다가 어우러진 북부는 얀바루의 박력을 느낄 수 있는 곳이다. '얀바루'란 '산들이 이어져 숲이 펼쳐져 있는 지역'이란 뜻의 오키나와 방언으로, 넓게는 오키나와 북부를 가리키는데 보통 나고시 이북 지역을 말한다. 사람보다는 숲의 정령의 수가 압도적으로 많을 것 같은 곳에는 자연의 순리에 따라 사는 소박하고 건강한 삶이 있다. 후쿠기나무에 둘러싸인 비세마을과 푸른 바다를 가로지르는 코우리대교, 보석의 이름을 가진 에메랄드비치 등, 곳곳에서 바다와 숲이 어우러진 아름다운 풍경을 만난다. 그래도 역시 여행자들에게 간판스타는 추라우미수족관이다. '추라우미'란 '아름다운 바다'라는 뜻이다.

## 관광지

추라우미수족관
에메랄드비치
비세후쿠기가로수길
나가하마비치
요헤나수국원
코우리대교

## 대중교통

북부 여행의 출발점은 나고버스터미널. 우선 나하공항이나 나하버스터미널 혹은 국제거리에서 나고버스터미널로 이동해서 버스를 갈아탄다.

65번, 66번, 70번 추라우미수족관, 비세후쿠기가로수길, 나키진성터.
66번 버스는 65번 버스와 반대 코스로 운행할 뿐, 정차하는 역은 같다. 65번과 66번 버스 중 간혹 추라우미를 들르지 않는 버스가 있으니 반드시 타기 전에 확인해야 한다. 70번은 파인애플파크를 경유한다.

나고버스터미널까지 이동
나하공항에서 111번 고속버스, 나하버스터미널에서 20번, 77번, 120번 버스 이용
얀바루급행버스
나하에서 북부까지 가장 빨리 갈 수 있는 대중교통 수단이다. 나하공항, 나하버스터미널, 국제거리에서 출발해 추라우미수족관까지 2시간 20분 정도 소요
시간표와 요금은 www.ok-connection.net (일본어) 혹은 http://oki-park.jp.k.ms.hp.transer.com/kaiyohaku/acc/147 (한국어)에서 확인

# okinawa

- 이에섬
- 비세후쿠기가로수길
- 찬야
- 오리온 모토부 호텔
- 에메랄드비치
- 추라우미수족관
- 나가하마비치
- 트윈하우스
- 코우리
- 소모스
- 나키진성터
- **나키진손**
- 카페 고쿠
- 세소코섬
- 모토부초
- 얀바루
- 요헤나수국원
- 야치문 킷사 시사엔
- 히가시식당

## 오키짱의 바다

추라우미수족관
沖縄美ら海水族館

오키나와 여행을 계획할 때 여행자들이 가장 먼저 떠올리는 장소가 있다. 슈퍼스타 고래상어 '진타'와 재간둥이 돌고래 '오키짱'이 있는 그 곳, 추라우미수족관이다. 추라우미수족관은 바다를 배경으로 분수대와 바다 관련 조형물로 꾸며진 해양박공원(海洋博公園) 내에 있다. 온갖 바다 관련 조형물 앞에서 사진을 찍고, 야외 수족관에서 무료 돌고래 쇼를 보고 있자면 그야말로 시간 가는 줄 모를 정도다.

오키나와 바다를 그대로 재현해 인기가 좋지만 역시 추라우미수족관의 자랑거리는 '쿠로시오 바다'라는 대형 수조. 높이 8.2m, 폭 22.5m의 수조 앞에 서면 크기에 압도당하고 만다. 기네스북에 등재된 최대 규모의 수조에서 가장 먼저 눈에 띄는 것은 거대한 고래상어다. 수족관의 고래상어 중 가장 큰 '진타'는 길이가 약 8m에 달한다. 수조 안으로 비치는 자연광을 배경으로 유유히 헤엄치는 고래상어의 모습이 환상적이다. 쥐가오리를 비롯한 여러 어종이 한데 어우러져 헤엄치는 장면은 마치 그들이 하늘을 나는 것처럼 신비롭다.

하지만 바다에 비하면 턱없이 작은 수조 속에서 헤엄치는 고래상어를 보거나, 음악에 맞춰 춤을 추고 점프를 하는 오키짱을 보면 대견하면서도 마음이 찡해진다. 진짜로 보고 싶은 건 아마도, 자유롭게 바다를 헤엄치는 진타와 오키짱이겠지.

오키짱 공연(20분)은 11:00, 13:00, 14:30, 16:00, 18:00에 있으며 10~2월에는 16:00 공연이 마지막이다.

- **WAY** 나하공항에서 일반도로로 3 시간, 고속도로로 2 시간
  나하공항에서 얀바루급행버스로 추라우미수족관에서 하차,
  나고버스터미널에서 65 번, 66 번, 70 번 버스
- **ADD** 国頭郡本部町字石川 424
- **TEL** 0980-48-2741
- **OPEN** 8:30~20:00(3~9 월 ), 8:30~18:30(10~2 월 )
- **CLOSE** 12 월 첫째 수 · 목요일
- **FEE** 어른 1,850 엔, 고교생 1,230 엔, 초 · 중학생 610 엔
  16:00 시 이후 어른 1,290 엔, 고교생 860 엔,
  초 · 중학생 430 엔 ( 해양박공원 입장은 무료 )
- **WEB** oki-churaumi.jp
- **MAPCODE** 553075797

에메랄드비치

エメラルドビーチ

## 보석의 이름을 지닌 바다

우리가 묵었던 호텔에서는 커튼을 열면 푸른 바다가 손에 잡힐 듯 보였다. 아침에 일어나 제일 먼저 할 일이 자연스레 정해졌다. 아직 아무도 밟지 않은 모래 위에 발자국을 내는 것.

추라우미수족관 바로 근처에 위치한 에메랄드비치는 인공 비치라 스노쿨링은 할 수 없지만 모래가 깨끗하고 수심이 얕아 아이들 해수욕에 좋다. 무엇보다 아리도록 푸른 물색이 최고다. 무려 이름이 에메랄드 아닌가!

WAY 추라우미수족관에서 도보 20 분
ADD 国頭郡本部町字石川 424
TEL 0980-48-2741
(추라우미수족관)
OPEN 해수욕 4~10 월
WEB oki-park.jp
FEE 무료
MAPCODE 553105407*00

전망좋은 방

오리온 모토부
호텔
Hotel
Orion Motobu

쾌적한 룸과 맛있는 조식 뷔페. 그거면 됐지, 했지만.
아침에 눈을 비비며 커튼을 열어 이런 전망을 볼 수 있다면.
추라우미수족관이 있는 해양박공원과 가까워 조카들과 함께 오자, 생각했다.

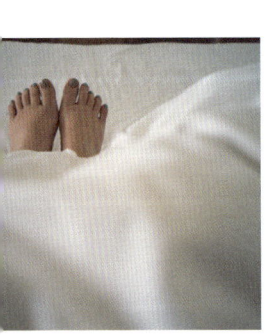

| | |
|---|---|
| W A Y | 추라우미수족관에서 도보 10분 |
| A D D | 国頭郡本部町備瀬 148-1 |
| T E L | 0980-51-7300 |
| W E B | www.okinawaresort-orion.com |
| MAPCODE | 553105265*58 |

티셔츠숍
YuraYura 本部店

## 참새의 방앗간

조식을 먹고 할랑할랑 동네 산책을 하는 내 눈에 띈 건 새로 생긴 티셔츠숍. 오키나와! 라고 쓰인 회색 티셔츠가 세일 중이었다. 선물용이란 핑계를 댔지만, 사실 티셔츠는 많으면 많을수록 좋은 거 아닌가요.

| | |
|---|---|
| WAY | 오리온모토부호텔에서 도보 3분 |
| ADD | 国頭郡本部町備瀬372-2 |
| TEL | 0980-48-2284 |
| WEB | yurayura.webcrow.jp |

## 소년은 역시 우유빙수

히가시식당
ひがし食堂

산마이니쿠소바, 두부찬푸르, 타마고야키가 이 식당의 베스트메뉴란다. 하지만 우리의 목적은 빙수, 오로지 빙수다.

'빙수 요정' 아오이 유우도 "아, 스고이!"라고 외쳤던 곳이라니 기대가 하늘을 찌른다. 미루쿠젠자이(우유빙수)가 제일 인기라고 했지만 무지개처럼 영롱한 색에 혹해서 샨쇼쿠킨토키(삼색빙수)를 시키고 말았다. 얌전하게 식사를 하는 가족들과 후루룩 빙수 한 그릇하고 금방 나가버린 아저씨와 우유빙수를 먹으며 진로, 연애, 선생님 뒷담화, 우주와 외계인에 대해 진지하게 토론 중이던 (어디까지나 추측) 남학생들 틈에서 빙수 한 그릇 뚝딱 해치웠다. 그나저나 카페 대신 동네 식당에서 빙수를 먹는 남학생들은 왠지 보기 좋더군요.

WAY 나하공항에서 고속도로로
1 시간 40 분,
나고버스터미널에서 차로
10 분
ADD 名護市大東2丁目7- 1
TEL 0980-53-4084
OPEN 11:30~18:30
CLOSE 무휴

## Tree Tunnel to the Beach

비세후쿠기
가로수길
備瀬フク木並木通り

후쿠기 길을 따라 마치마이했다. '마치마이'란 마을산책이라는 오키나와 방언이다.
태풍을 막기 위해 심은 천 그루 넘는 후쿠기나무의 나이는 300살이 넘었다고 한다. 미로 같은 골목은 끝날 듯 이어져 있어 굽이굽이 돌 때마다 숲의 정령이 등장하는 신비로운 이야기가 숨어 있을 것 같다. 이윽고 초록 터널 끝으로 푸른빛이 보인다. 바다다. 지금부터는 바다를 따라 걷는다.

W A Y 나하공항에서 고속도로로 2시간 30분
나하버스터미널에서 20번, 120번 버스로 나고버스터미널 도착 후 65번, 66번, 70번 버스를 타고 비세이리구치(備瀬入口) 정류장 하차
A D D 国頭郡本部町備瀬
MAPCODE 553135595*60

Sea over the Tree Tunnel

비세자키 비치
備瀬岬 ビーチ

오른쪽은 초록 후쿠기의 터널, 왼쪽은 푸른 바다.
어느 쪽이나 아름다워 눈물이 날 지경이었다.

W A Y 나하공항에서 고속도로로 2시간 30분
나하버스터미널에서 20번, 120번 버스로 나고버스터미널 도착 후 65번, 66번, 70번 버스를 타고 비세이리구치(備瀬入口) 정류장 하차

A D D 国頭郡本部町備瀬

MAPCODE 553135595*60

## 맥주를 부르는 마루

찬야
ちゃんや~

일본 드라마 <호타루의 빛>을 보고 꼭 한 번 해보고 싶었다. 툇마루에 앉아 맥주 마시기.
등 뒤로 선풍기 바람이 살살 불어온다. 차갑게 식혀 둔 맥주를 한 모금 마시니 더위가 서서히 물러난다. 팔다리가 노곤해진다. 한 모금 더 맥주를 마신다.
세상은 잘 돌아가고 있나?
아무럼 어때, 라는 느긋한 대답이 돌아왔다.

후쿠기가로수길 비세마을에 있는 찬야는 오키나와 전통 가옥을 경험할 수 있는 숙소다. 히비스커스가 피어난 작은 안마당이 딸린 독채에서 묵어가는 밤이 호젓하다. 사각거리는 이불에서는 별 냄새가, 단정한 다다미에서는 그늘 냄새가 났다. 모기향이 밤하늘을 향해 조용히 타오른다.

W A Y  추라우미수족관에서 차로 5분, 비세마을 안
A D D  国頭郡本部町字備瀬 624
T E L  090-6862-4712
W E B  www.chanyaa.com
MAPCODE  553 135 237*16

## 해변의 피크닉

나가하마비치
長浜ビーチ

햇살이 부서져 눈썹에 맺혔다.
인적 드문 아늑한 바닷가에서의 피크닉은 생각만큼 낭만적이지 않았으나 ( 그날따라 바람이 셌어요 ) 부시도록 아름다운 바다를 담담히 바라볼 뿐, 아무 것도 하지 않고 아무 것도 서둘 것 없는, 그 평화롭고 고요한 시간은.
햇살이 남긴 잔영처럼, 지금도 눈앞에 어른거린다.

W A Y 추라우미수족관에서 차로 20분 거리, 풍래장게스트하우스 뒤편
A D D 国頭郡今帰仁村諸志 868 (풍래장게스트하우스)
F E E 무료
MAPCODE 553143045

# 천국은 가까이

카페 고쿠
Cafe こくう

"북부는 숲이 많아 기분이 좋아지는 곳이에요, 꼭 얀바루를 체험해보세요."
카페 고쿠로 가는 길은 스이엔 빵집의 카오루상이 추천한 진짜 얀바루를 체험할 수 있다. 북부의 얀바루는 그야말로 야생의 숲이다. 그 박력 넘침에 가슴 두근거리며 도착한 카페 고쿠는 그 아름다운 모습에 가슴이 뛰었다. 탁 트인 하늘과 울창한 숲의 넘실거림, 그리고 저 멀리 보이는 바다까지 아름다운 요소를 모두 갖추고 있는 이 풍경 앞에 할 말을 모두 잃고 말았다.

카페 내부는 창을 크게 내어 어디서든 이 절경을 볼 수 있게 했고, 원목의 소박한 느낌에 물 흐르듯 자연스럽게 일을 하고 있는 사람들. 모든 것들이 오키나와의 자연에 자연스럽게 녹아있었다. 인근 농가에서 자연 농법으로 키운 재료들을 사용한 고쿠플레이트를 주문했다. 다양한 반찬 가짓수에 놀라는 사이 갓 튀긴 따끈따끈한 튀김을 또 내어온다.
아름다운 풍경, 아름다운 식사였다.

WAY 나하공항에서 고속도로로 2시간, 추라우미수족관에서 차로 25분
ADD 今帰仁村諸志 2031-138, 今帰仁サンシティ希望ヶ丘敷地内
TEL 0980-56-1321
OPEN 11:30~17:00
CLOSE 일·월요일
WEB miyupapa2.ti-da.net
MAPCODE 553023757

# 시간이 멈춘 상자 정원

카페 하코니와
cafe ハコニワ

서까래를 드러낸 서늘한 식당은 오래된 집을 개조했지만, 낡거나 누추하다기보다 세월의 손길로 인한 보기 좋은 윤기가 돌았다. 단정한 집과 닮은 주인장이 분필로 직접 메뉴를 적은 칠판을 테이블로 들고 와 메뉴를 하나하나 설명한다. 고야와 오크라가 빠지지 않은 가정식과 커리정식, 샌드위치 중 하나를 선택할 수 있었다. 찰진 흑미밥과 맑은 버섯국을 기본으로 한 정식 메뉴는 아주 섬세하게 요리되어 있었고, 우리의 식사 속도에 맞추어 딱 적당한 때에 후식이 서브되었다. 여행을 하다보면 늘 시간에 쫓기게 되지만 이 곳은 왠지 스노우볼 속의 모형 집처럼 시간이 멈춘 듯, 다음 일정 걱정은 접어두고 밥을 다 먹고도 툇마루에 앉아 한참 시간을 보내게 했다.

바람이 불자 나무들이 춤을 추었고, 서로 잎이 부딪쳐 나는 소리가 어젯밤 바닷가에서 들었던 파도 소리와 닮아 있었다. 공기에 소금 냄새가 섞여있는 남부와는 달리 산이 많은 북부에서 느낄 수 있는 청량감은 산중 카페에서 그 빛을 발했다.

숲속에서 바다 소리가 났다.

| | |
|---|---|
| WAY | 나하공항에서 고속도로로 2시간, 추라우미수족관에서 차로 25분 |
| ADD | 国頭郡本部町伊豆味 2566 |
| TEL | 11:30~17:30 |
| OPEN | 0980-47-6717 |
| CLOSE | 수·목요일 |
| MAPCODE | 206804746*87 |

## 여행지에서의 일상

소모스
somos

하루에 몇 번 서지 않는 버스를 기다리는 작은 정류장을 지나 매일 아침 빵 굽는 냄새가 흘러나오는 망고스틴 나무 아래 빵집이 있는, 여행지에서 만난 소박한 마을에서 일상을 살아보고 싶었다.

창 너머로 널어놓은 이웃집의 빨래가 보이는 프라이빗 빌라 소모스는 관광지에서 살짝 벗어난 북부의 작은 마을에 있다. 야트막한 언덕에 위치한 덕에 마당에 걸어놓은 해먹 너머로 바다가 보인다. 만약 집을 짓는다면 이렇게, 라고 생각해왔던 이상적인 집의 형태는 방송국과 잡지에 여러 번 소개되었을 정도로 아름다워서 마침 우리가 묵던 날 오키나와 현지 방송국에서 카메라에 담고 있었다. 마지막까지 우리를 감동시킨 것은 바로 조식. 갓 지은 따뜻한 밥과 국, 거기에 얼마든지 더 먹으라는 인심까지 포함되어 있었다.

W A Y 추라우미수족관 차로 20 분
A D D 国頭郡今帰仁村兼次 271-1
T E L 0980-56-1266
W E B somos-okinawa.com
MAPCODE 553082854*84

집을 떠날 땐 주인 내외와 아기, 방송국 사람들까지 모두
모여 잘 가라며 손을 흔들어 주었다. 모두들 진심으로
활짝 웃고 있어 눈물이 날 뻔 했다.

# 오키나와의 오월은 수국

요헤나수국원
よへなあじさい園

작약과 라일락, 치자꽃을 좋아한다. 어떤 연계성인지 몰라도 이른 여름, 푸르스름하게 피어나는 수국도 좋아한다. 아마 아름답다는, 당연한 이유 때문일 것이다.

오키나와의 오월에 수국이 핀다는 말을 들었다. 그럼 보러 가야지, 생각했다. 수국을 좋아하던 우토 할머니는 산을 일궈 만든 귤밭 구석에 수국을 한두 그루 심기 시작했다. 고된 일 사이에 한 줄기 푸른 위로가 피어났다. 그게 30여 년도 더 된 일이다. 이제 할머니의 수국은 30만 송이가 넘게 피어나 푸른 안개처럼 산비탈을 부드럽게 감싸고 해마다 오월이면 수국을 보러 사람들이 찾아온다. 할머니는 백 살이 넘었다. 어쩐지 동화 같은 이야기다.

그러고 보니. 어릴 적 우리 집 마당에는 아빠가 심어놓은 작약, 라일락, 치자꽃, 수국이 철따라 피어났다. 담장 아래 그늘을 따라 심어진 수국이 소담하게 피어나면 유독 그 자리만 화사하고 환하게 보였다. 수국 아래서 나와 동생들은 소꿉장난을 했다. 아마도 그런 이유로 나는 수국을, 혹은 무언가를 좋아하게 되었나 보다.

우리는 모두 속 깊은 기억의 서랍을 가지고 있다.

W A Y 나하공항에서 고속도로로
1시간 50분
A D D 国頭郡本部町字伊豆味 1312
T E L 0980-47-2183
O P E N 9:00~18:30 (5월 중순~6월 말일 개장, 홈페이지 확인)
F E E 어른 400엔, 학생 200엔
W E B yohenaajisaien.sakura.ne.jp
MAPCODE 206833170*74

## 여우의 깨달음

얀바루소바
山原そば

으음, 이거 최고다.
줄 선 보람이 있어.

뭐, 그렇게까지 먹을 필요 있나, 하고 평소 줄 서 먹는다는 맛집들에 초연하였다 (이것은 포도 못 먹은 여우의 신 타령과 비슷한, 예로부터 내가 불러온 게으름 타령). 하지만 그렇게 맛있다니 한번 맛보고 싶었다. 소문난 소바의 맛을. 오키나와 소바는 우리가 생각하는 소바와는 다르다. 메밀 대신 밀가루로 만든 우동처럼 통통한 면에 뜨거운 국물을 붓고 위에 고기, 어묵, 잘게 썬 파 등, 다양한 고명을 올려낸다. '얀바루소바'의 메뉴는 조린 삼겹살을 올린 산마이니쿠소바와 돼지갈비를 올린 소키소바 단 두 가지. 면은 단지 거들 뿐, 야들야들한 고기와 감칠맛 나는 국물이 그만이다.
한 그릇 잘 먹고 나오니 '오늘 준비량 소진'이라는 팻말이 걸린다. 뿌듯해지고 만다.
아아, 이게 바로 줄 서서 먹는 맛이란 거구나.

W A Y  나하공항에서 고속도로로
       1시간 50분
A D D  国頭郡本部町本部町伊豆味
       70-1
T E L  0980-47-4552
O P E N  11:00~15:00
       (재료 소진시 종료)
C L O S E  월·화요일
MAPCODE  206834514*41

## 낮잠 자고 싶은 마루

야치문 킷사
시사엔
やちむん喫茶
シーサー園

조인성과 공효진이 앉았다는 자리에 앉고 싶어 꼭두새벽부터 달려간 것은 아니지만 꽃이 흐드러지게 피어난 정원을 바라보며 시사가 조르르 앉아있는 지붕을 향해 다리를 달랑거리며 툇마루에 앉아보고 싶었다. 주문한 음식이 소박한 야치문(오키나와 도자기)에 담겨 나온다. 흑설탕을 넣은 오키나와식 크레이프인 친빙과 우리나라 부침개와 비슷한 히라야치, 팥빙수 모두 담음새가 잘 어울린다.

조용한 바람이 지나가자 초록 이파리들이 부드럽게 일렁였다. 지붕 위로 보석 같은 빛 조각이 어룽거렸다. 소르르 잠이 밀려왔다.

A A · 나하공항에서 고속도로로 2시간
A D · 国頭郡本部町伊豆見 1439
T E L · 0980-47-2160
O P E N · 11:00~19:00
C L O S E · 월~수요일
M A P C O D E · 206803694*41

## 석양의 바다를 가로지르는 다리

석양 무렵, 코우리 대교를 달린다. 오후의 마지막 태양에 다리는 차츰 황금빛으로 물들고 아쉬움으로 해변을 천천히 떠나는 사람들. 바다는 아직 한낮의 열기가 떠돌고 있다. 아름답구나. 조용히 중얼거려본다.
코우리섬은 '신의 섬'이라 불린다.

코우리대교
古宇利大橋

WAY 나하공항에서 고속도로로 2시간 10분,
추라우미수족관에서 차로 20분
ADD 国頭郡今帰仁村古宇利
MAPCODE 485631329*31

## 여행지의 맛

슈림프웨건

シュリンフワコン

마치 바다 위를 달리는 것처럼 신나는 드라이빙을 즐길 수 있는 코우리대교는 오키나와 내에서도 손꼽히는 명소지만, 더욱 기대감을 높이는 건 긴 다리를 건너면 만날 수 있는 푸드트럭이다.

에메랄드 빛 바다를 배경으로 한 반짝이는 트럭에서 내어주는 통통한 새우 한 접시를 받아들자 정말 여행 왔구나, 실감이 났다.

여행지의 풍경은 이렇게 기억에 남는다.

WAY 나하공항에서 고속도로로 2시간 10분,
추라우미수족관에서 차로 20분
ADD 今帰仁村古宇利 436-1
TEL 0980-56-1242
OPEN 11:00~17:00
CLOSE 부정기
WEB shrimp-wagon.com
MAPCODE 485 662 041*33

## 춤추는 고양이의 밤

찬푸르 식당
チャンプル

"오빠가 센터예요."
앨범을 두 장이나 냈다는 찬푸르 식당의 인기 스타, 둥둥둥 북소리에 전통노래를 구성지게 뽑아내는 가수이자 만담가 겸 사회자(서빙도 도맡아 하고 있어서 식당 후계자가 아닌가 싶은 의혹이 강하게 들던 싹싹한 젊은이)가 지목한 센터의 아저씨가 일어나 어쩌다 내가, 하는 표정으로 뱀이 허물을 벗듯 흐느적흐느적 몸을 흔들기 시작하자 아우, 나도 몰라, 하는 표정으로 하나둘 손님들이 일어나 술 취한 나방처럼 몸을 파닥였다. 수줍게 허물을 떨쳐버린 아저씨가 선두로 나서자 주문에라도 걸린 듯 모두가 흔들흔들 원을 그리며 따라나선다. 음악 소리는 경쾌해지고 사회자의 구령은 신명나고 어느새 용의 꼬리 같은 긴 대열이 가게 안을 신나게 누빈다. 퇴근하고 한 잔 하러 들른 동네 아저씨들도, 외식 나온 가족들도, 오키나와로 요양 차 왔다가 눌러앉아 가수가 되었다는 아저씨도, 나고야에서 놀러 온 명랑한 아가씨들도, 고베에서 여행 온 핑크빛 커플도, 한국에서 온 뚱한 자매도, 아무렴 어때, 하고 모두 한 마음으로 흥에 겨워 춤추던 고양이의 밤.

밤에만 문을 여는 찬푸르 식당은 오키나와 전통 메뉴와 아와모리, 맥주, 독특한 칵테일 등을 판다. 만담이 곁들여진 오키나와 전통공연이 한 시간 정도 펼쳐지는데 일본어나 일본 전통음악 따위 몰라도 절로 흥겨워지니 아주 가벼운 마음으로 즐기면 된다.
찬푸르는 '이것저것 섞는다'는 오키나와 말이다.

| | |
|---|---|
| WAY | 추라우미수족관에서 차로 30분 거리 |
| ADD | 今帰仁村与那嶺 524 |
| TEL | 0980-56-5858 |
| OPEN | 17:30~0:00 |
| CLOSE | 일요일 |
| WEB | www.chanpulu.jp |

## 창밖은 코우리대교, 유람선이 지나갔다

트윈하우스
TWIN HOUSE
Umi Gukuru

열심히 하지 않는다, 그것이 바로 오키나와의 모토요. 난 그 모토대로 살고 있지라.
주인 아저씨가 말했다. 숲과 바다로 둘러싸인 이곳은 빛이 없어 그 어떤 전망대보다 별이 잘 보이는 것이 너무 좋았다는 이유로 본토에서 이주해왔다는 주인이 직접 설계도를 그리고 손수 지었다는 숙소의 객실은 먼지 하나 없이 반짝반짝하고 욕실은 보송보송하며 마당의 잔디는 잔디만 30년 깎아 온 정원사의 솜씨처럼 매끄럽게 깎여 있었다. 아저씨는 이왕 이렇게 멀리 왔으니 즐겁게 지내야 하지 않겠냐고 근처의 맛집 리스트들을 쫙 훑어주고 어서어서 나가서 즐기라며 우리의 등을 떠밀었다. 그리하여 코우리대교로 드라이브를 만끽하고 찬푸르식당에서 춤까지 덩실덩실 추고 이슥해서야 숙소로 돌아오니.
아, 별 구경하고 있었재.
문 앞에 나와 있던 주인 아저씨가 말했다. 밤늦게까지 돌아오지 않는 딸이 걱정돼 가로등도 없는 길에서 한참 기다렸던 것을 들키지 않으려는 겸연쩍은 아빠의 얼굴로.
하루에 딱 두 팀만 묵을 수 있는 '트윈하우스'의 외관은 쌍둥이처럼 닮았지만 한쪽은 얀바루의 숲과 바다가 보이는 '얀바루그린룸', 우리가 묵었던 '코우리블루룸'에서는 가로로 길게 난 창으로 코우리대교가 손에 잡힐 듯 내다보였다.

아침 햇살에 빛나는 코우리대교와 푸른 바다 위로 지나가는 유람선을 침대에 누워 바라보았다. 천천히, 그리고 느긋이 창밖을 바라보거나 밤하늘의 별을 올려다보는 것. 아무런 이유나 목적도, 심지어 아무 소용도 없는 그런 행위들이 어쩌면 여행에서 우리가 열심히 해야 할, 단 한 가지 일인지도 모른다.

| | |
|---|---|
| W A Y | 추라우미수족관에서 차로 30분 거리 |
| A D D | 今帰仁村蓬天 408-16 |
| T E L | 0980-56-5900 |
| W E B | travel.rakuten.co.jp (TWIN HOUSE 검색, 번역기 사용하여 예약) |

소소한 딴짓

지도를 벗어나면 여행이 훨씬 풍부해진다.

네 번째 여행

# 남부

# 남부

사탕수수밭 사이로 난 길을 달려 도착한 바닷가 조용한 마을에서 며칠을 묵었다. 바다를 향해 창이 나있는 찻집에서 차를 마시고 배가 고프면 해변의 야외테이블에서 카레를 먹었다. 간혹 파도에 밀려온 조개껍질과 하얀 산호를 줍기도 했다. 소문난 튀김을 먹기 위해 걸어서 한 바퀴를 도는데 반 시간도 걸리지 않는 작은 섬에 가기도 했다. 남부를 가로지르는 331번 국도를 따라 달리다 보면 '니라이카나이'란 이름의 말굽 모양의 다리를 만나게 된다. '니라이카나이'란 오키나와 방언으로 '바다 건너에 있는 이상향'이란 뜻이다. 오키나와 사람들이 꿈꾸던 낙원, 그곳이 남부의 고요한 바다와 작은 섬들에 있었다. 파라다이스는 생각보다 멀지 않았다.

## 관광지

미바루비치
오우섬

## 대중교통

나하버스터미널에서 39번 버스로 종점인 미바루비치에서 하차

okinawa

나하시

· 나하공항

· 아시비나

도미구스쿠

· 마루미쓰젠자이

이토만시

· 평화기

## Blossom Wave

미바루비치
新原ビーチ

전교생이 서른 명을 넘지 않을 것 같은 효고현의 작은 학교에서 수학여행 왔다는 여학생들은 참으로 상큼했다. 열심히 포즈를 취하며 서로를 사진 찍어주었다. 모래 위에 벗어놓은 슬리퍼까지 사진 찍으며 즐거워했다. 그게 그렇게 예뻐 보였다. 그에 반해 남학생들은 난항을 겪고 있었다. 프로페셔널한 사진사 아저씨의 요구에 따라 포즈를 여러 번 취해 보지만 오케이 사인은 좀처럼 나지 않았다. 글라스보트를 타기 위해 모인 여학생들과 남학생들은 어쩐 일인지 데면데면했지만 서로 의식하고 있음을 느낄 수 있었다. 그 모습을 구경하는 것만으로도 두근두근했다.

오키나와의 바다는 어느 곳이나 아름다워 그 중 하나만 꼽으라면 그건 무척 어려운 일이지만, 눈에 넣어도 아프지 않은 쌍둥이 조카와 함께 온다면 어느 바다를 택하겠냐고 묻는다면 미바루비치, 한때는 불타올랐지만 지금은 타다 남은 장작의 불씨처럼 다소 담담해진 내 친구 커플이 어디가 좋으냐고 묻는다면 미바루비치, 혹은 별로 나아보이지 않는 미래와 그보다 더 나을 것 없는 현재에서 잠시 벗어나 나달나달해진 일상을 위로하고 싶다면, 나는 미바루비치에 가보라고 대답하겠다.

WAY 나하공항에서 차로 40분, 나하버스터미널에서 39번 버스로 종점 미바루비치에서 하차
ADD 南城市玉城字百名 1599-6
TEL 098-948-1103
OPEN 해수욕 4~10월
FEE 무료
WEB www.mi-baru.com
MAPCODE 232469507*51

## 해변의 식당

식당 카리카
食堂カリカ

오키나와의 조용한 해변에 네팔 요리라니 이건 웬 요상한 조합이냐 싶었지만 바다를 향해 놓인 야외 테이블에서 밥과 카레 ( 왠지 커리라고 해야 할 것만 같다 ) 뿐인 단순한 음식을 먹으며 이따금 수평선과 그 위로 떠오르는 하얀 구름을 바라보는 것은 정말이지 근사했다.

일본인 아내와 결혼해 오키나와로 이주해온 주인 제시 씨의 해변 식당에서는 시금치와 새우커리 등, 십여 종류의 커리와 샐러드 , 치킨 , 사모사 ( 네팔식 튀긴 만두 ), 짜이 등의 네팔 요리를 판다 . 매운 맛으로 주문한 커리는 맛있었고 바다는 차가운 맥주를 불렀다 .

W A Y 미바루비치 앞
A D D 南城市玉城字百名 1360
T E L 098 988 8178
O P E N 10:00~20:00
C L O S E 수요일 (11~4 월 ), 수요일 밤 (5~10 월 ), 태풍과 호우시

## 바다를 향한 찻집

하마베노차야
浜辺の茶屋

아주 오랜만에 간 곳에서 아주 오래 전에 남긴 추억을 찾았다. 바다로 향한 찻집은 변함없이 다정하고 창밖의 바다는 여전히 아름다워. 다행이야, 하고 중얼거렸다. 언제까지나 그 자리에 있어주었으면 좋겠다.

미바루 비치의 유명한 카페인 하마베노차야는 창가 자리를 잡기 위해 늘 길게 줄이 늘어선다. 하지만 기다린 수고가 아깝지 않을 만한 풍광이 창밖에 펼쳐진다. 피자와 샌드위치 등의 간단한 식사와 음료를 맛볼 수 있는데 우리는 늘 색이 예쁘다는 이유로 '류큐 꽃홍차'라는 이름의 새콤한 히비스커스차를 주문했다.

W A Y  미바루비치에서 도보 10 분
A D D  南城市玉城字玉城 2-1
T E L  098-948-2073
O P E N  10:00~20:00
        (월요일 14:00~20:00)
C L O S E  무휴
W E B  www.hamabenochaya.com
MAPCODE  232469461*44

## 주문 많은 요릿집

야마노차야
라쿠스이

山の茶屋 楽水

숲의 초입에 '힘들면 이용하라'고 놓인 대나무 지팡이 하나를 집어 들고 산길로 향하는 돌계단을 오르니 잠시 후 수풀 사이로 수수한 나무집 한 채가 나타난다. '숲속의 찻집', 야마노차야다. 야마노차야는 근처 '하마베노차야'의 주인이 함께 운영하는 곳으로 하마베노차야보다는 바다에서 조금 물러나 있지만 대신 시야는 더욱 넓고 시원하다. 차를 한 잔 해도 좋지만 우리가 돌계단을 오르는 수고를 마다 않고 기를 쓰고 온 것은 일찌감치 솔드아웃될 정도로 인기라는 '사치바루정식'을 먹기 위해서였다. 음식을 기다리는 동안 눈은 자연스레 창밖으로 향한다. 카페 대신 '차야(찻집)'란 이름은 가끔씩 바람이 불어오는 마루에 앉아 차게 식힌 녹차를 마시는 게 제격이란 느낌이 든다. 눈앞의 풍광은 녹차처럼 순하고 청량하다. 김이 솟아오르는 현미밥에 담백한 국, 우미부도샐러드와 두부 등으로 차려낸 정갈한 음식은 보는 것만으로도 즐거워졌다. 동생은 고야튀김을, 나는 베니이모튀김을 젓가락으로 집어 들었다. 바사삭, 소리가 나자 우리는 마주보며 웃었다.

WAY 나하공항에서 차로 40여분, 나하버스터미널에서 39번 버스로 종점 미바루비치에서 하차 후 도보 15분
ADD 南城市玉城字玉城 19-1
TEL 098-948-1227
OPEN 11:00~18:00
CLOSE 목요일
WEB yama.hamabenochaya.com
MAPCODE 232469607*63

## 줄 서서 먹는 이유

카페 쿠루쿠마
カフェくるくま

맛있는 음식과 친절한 대접, 거기에 근사한 전망까지. 이곳이 좋아지지 않을 수 없다.

단체관광객이 밀려드는 대규모식당이라면 음식 맛은 기대하지 않겠다는 내 선입견을 가볍게 무너뜨렸다. 인기메뉴라는 '스페셜 커리세트'를 주문하니 매운 정도가 다른 세 가지 카레와 구운 닭고기가 샐러드와 함께 커다란 쟁반에 담겨 나온다. 정통태국요리에서 살짝 변형된 '오키나와식 태국요리'라 거부감 없이 즐길 수 있다. 식당 옆에 있는 온실에서 기른 채소와 허브를 이용한다고 한다. 모든 음식을 손수 재배한 채소로 만드는 것은 아니겠지만 좋은 재료로 맛있는 음식을 준비한다는 식당 본연의 자세를 지키고 있는 것이 좋았다. 줄서서 먹는 이유가 있었던 거다.

WAY 나하공항에서 차로 50 분
ADD 南城市知念字知念 1190
TEL 098-949-1189
OPEN 10:00~19:00(10~3월)
　　　10:00~20:00(4~9월)
　　　화요일 10:00~18:00
CLOSE 무휴
WEB nakazen.co.jp/cafe
MAPCODE 232562861*33

사치바루마야

さちばるまや -

## 앨리스의 이상한 정원

앗, 저기 예쁜 데가 있어!
달리던 차를 급히 멈춰선 곳. 작은 그네가 매여 있는 아름드리나무 아래, 체셔고양이마냥 조용히 꿈을 꾸는 고양이 한 마리가 지키는 앨리스의 이상하고도 아름다운 정원. 알록달록한 꽃무늬 커튼을 드리운 노란 문 안의 작은 공간에는 국경도, 시간도 알 수 없는 물건들이 가득 모여 있어 홀린 듯 구경하고 나온 우리의 손에는 어찌된 일인지 오래 된 문손잡이 세 개가 들려 있었다. 쓸모없는 것을 진심으로 기뻐하며 사는 건 우리가 여행에서 가장 즐겁게 하는 일.
그곳에서 사온 문손잡이를 단 문을 여닫을 때마다, 문득 푸르고도 신비로운 그곳의, 그 시간을 떠올릴 것이다.

W A Y 야마노차야 카페 초입에서 도보 5분
A D D 南城市玉城字玉城 31-1
T E L 098-948-3230
O P E N 11:00 ~ 일몰
C L O S E 화요일
W E B sachibarumaya.tumblr.com

## 단순하지만 사치스러운 시간

카이자
海座

야트막한 언덕, 숲속에 조용히 자리한 카이자는 바다가 내려다보이는 작은 숙소다. 툇마루에 걸린 해먹에 누워 아무 것도 하지 않거나, 단정한 방의 머리맡으로 난 창 너머로 질릴 때까지 바다를 보거나, 안뜰을 지나 가지마루나무가 울창한 비밀의 숲에 앉아 바다를 내려다보며 온갖 새가 지저귀는 소리를 듣거나, 역시 바다가 보이는 노천탕에 몸을 담근 채 평생 본 별보다 더 많은 별들을 보거나, 아침 일찍 내려간 식당에 차려진 이상적인 조식을 먹거나, 날씨가 좋아졌으니 창문을 열겠다는 주인의 세심한 친절에 처음 보는 옆방 손님과 미소를 나누거나. 아무것도 하지 않았지만, 오키나와에서 가장 사치스러운 하루를 보냈다.

W A Y   미바루비치에서 도보 20 분
A D D   南城市玉城字玉城 56-1
T E L   098-949-7755
W E B   www.kaiza-okinawa.com
홈페이지에서 직접 예약하거나
pajamsara@muf.biglobe.ne.jp
이메일 주소로 예약 여부 문의.
영어 응대 가능

마루미쓰젠자이
丸三冷物店

WAY 나하공항에서 차로 50분,
이토만 로터리
ADD 糸満市糸満 967-29
TEL 098-995-0305
OPEN 11:00~17:00
CLOSE 무휴
MAPCODE 232455045*77

첫눈에 반해버린, 백곰

아빠와 세 아이가 즐거운 듯, 하지만 소리를 죽여 이야기하고 나직이 웃으며 빙수를 한 그릇씩 먹고 나갔다. 일부러 꾸민 기색 없이 무심하게 놓여 있는 빈티지한 가구들과 소품, 그리고 포토제닉한 색감에 반해버리고 말았다. 빙수를 좋아해서 빙수 책까지 낸 아오이 유우도 다녀간 곳이라고 해서 기대감이 뭉게뭉게 부풀어 올랐다.
드디어 나온 빙수.
귀여워서 미칠 것 같았다.

50년 넘게 한 자리를 지켜오고 있는 마루미쓰젠자이 최고의 메뉴는 이름도 몽실몽실한 '시로쿠마 ( 백곰 ) 빙수'. 두 그릇 먹었습니다.

## 아이들은 바다로 뛰어들었다

오우섬
奧武島

그 섬의 아이들은 학교가 끝나면 놀이터 대신 바다로 뛰어들었다.

섬을 한 바퀴 도는데 차로 5분, 천천히 걸어도 반시간이면 족한 작은 섬에서 반나절을 보냈다. 주민 대부분이 어업에 종사한다는 섬의 항구는 한적했고 외지인을 두려워 않고 관심도 두지 않는 느긋한 고양이들을 따라 걷다 예쁜 놀이터에서 미끄럼도 타고 하얀 건물이 깔끔한 상설시장에 들어가 시식용 회를 맛보고 저녁 반찬으로 쓸 오이와 달걀을 샀다. 대부분은 바닷가에 앉아 물속에서 노는 아이들을 구경했다.

이런 곳에서 산다는 건 어떤 기분이며 이 작은 섬에서는 어떤 인생을 살아갈까. 아이들은 즐거워 보였다.

W A Y  나하공항에서 차로 50 분,
나하버스터미널에서 53 번
버스로 오쿠타케 ( 奥武 )
에서 하차
A D D  南城市玉城字奥武 1

## 작은 섬 튀김집

나카모토센교텐
中本鮮魚店

유명한 관광지 하나 없는 작고 조용한 오우섬이 늘 북적이는 건 소문난 튀김집 때문이다.
이것도 맛있을 것 같고, 저것도 맛있을 것 같아 종류별로 한 개씩만 골랐는데 봉지가 두둑해진다. 오징어튀김이 제일이라는데 나는 고소하면서도 달짝지근한 모즈쿠(해초)튀김과 베니이모(자색고구마) 튀김이 맛있었다.

WAY 미바루비치에서 차로 15분
ADD 南城市玉城字奧武 9
TEL 098-948-3583
OPEN 10:00~18:00(11~3월)
      10:00~18:30(4~10월)
CLOSE 무휴
WEB nakamotosengyoten.com
MAPCODE 232467446*03

## 밤의 여행자, 때때로 고양이

마리상의
에어비앤비

아침이면 창틈 사이로 스며드는 햇살과 새소리에 잠을 깨고 저녁이면 근처 시장에서 사온 재료로 간소한 한 끼를 지어 먹었다. 열어둔 문으로 당당히 들어온 고양이는 우리가 따라준 우유를 마시고 낮잠을 늘어지게 자다 슬그머니 사라졌다. 툇마루에 앉아 선풍기 바람에 젖은 머리를 말리며 이따금 맥주를 마시고 밤하늘을 올려다보다 내일은 어디 갈까? 하고 두런두런 이야기를 나누는 밤이 깊어갔다. 외출했던 고양이가 돌아왔으니, 이제 잘 시간이다.

여행이 주는 긴장과 느긋한 편안함을 동시에 느낄 수 있는 숙소란, 우리가 여행에서 바라는 두 번째, 아니 최소한 세 번째는 되는 중요한 덕목이겠지만 그런 숙소를 만나는 것은 생각보다 쉽지 않다.

W A Y  나하공항에서 차로 40분, 나하버스터미널에서 39번 버스로 종점 미바루비치에서 하차 후 도보 20분
A D D  南城市玉城字玉城 90-1
W E B  에어비앤비 사이트 (www.airbnb.co.kr)에서 Nanjo-city Tamagusuku 로 검색 후 예약.
호스트 이름 Mari
2박 이상 예약 가능

'바다까지 2분, 해먹이 있는 목조주택'이라고 소개되어 있는 마리상의 집에 도착했을 때 우리를 맞아준 건 남편 코지 씨. 한국어를 배우기 위해 한국에서 잠시 유학했던 코지 씨는 이 숙소뿐 아니라 부근의 유명한 카페 하마베노차야와 야마노차야를 가족과 함께 운영하고 있다. 이 느긋하고 편안한 숙소를 떠나는 날, 배웅하러 온 코지 씨에게 물었다. 날마다 제 집처럼 찾아와 제일 좋은 자리를 차지하고 자는, 얼룩무늬 털에 눈은 아몬드 같고, 처음에는 귀엽긴 하지만 좀 귀찮았는데 매일 보다 보니 슬슬 예뻐지고 떠날 때 되니 눈에 삼삼한 고양이의 정체는 대체 뭐냐고. 쵸비, 안쵸비를 좋아해서 쵸비라고 코지 씨가 대답해주었다. 다음에는 안쵸비를 사들고 가야겠구나, 하는 생각이 들었다.

가게의 개성을 담은 예쁜 명함들을 받아와 벽에 붙여두거나 책갈피로 사용한다. 좋은 디자인의 명함들은 볼 때마다 좋은 자극이 되기도 하고, 여행지에서의 좋은 추억을 떠오르게도 한다.

여행을 가서도 가장 좋은 건 서점. 비교적 글이 적고 그림이 많은 그림책을 사거나, 디자인이 좋은 책들을 구입해 집으로 돌아와 펼쳐보곤 한다. 소소한 디자인의 문구류 역시 기념으로 간직하기에 좋다.

오키나와 여행법

## 오키나와는 어떤 곳 ?

오키나와는 오키나와 본섬을 포함해 크고 작은 수많은 섬으로 이루어져 있다. 오키나와 본섬은 제주도의 2/3 크기지만 남북으로 길어 이동 시간이 길다. 그만큼 다이내믹하고 변화무쌍한 자연을 만날 수 있다. 불과 두 시간이면 아열대 기후의 이국적인 풍광을 만날 수 있는 매력적인 여행지, 물가도 일본 본토에 비해 저렴한 편이고 하루에도 수차례 오키나와 직항이 있어 접근성이 높다는 것도 장점. 주말을 이용해 훌쩍 떠나기에도 만만한 곳이지만 오래 머물면 머물수록 더 좋아지는 곳이 오키나와다. 그만큼 오키나와의 매력은 무궁무진하다.

---

## 오키나와의 날씨

일본에서 유일한 아열대 해양성 기후지만 우리처럼 4 계절이 있고 겨울에는 혹독한 바람이 불고 드물게 눈이 오기도 한다. 다만, 겨울에도 10 도 이하로 떨어지는 날이 거의 없고 봄, 가을이 짧다. 5 월부터 여름이 시작되어 9 월까지 무더위가 지속된다. 5 월 중순부터 6 월 중순까지는 장마철이지만 한 달 내내 비가 지속되는 게 아니라 스콜처럼 퍼붓다가 쨍한 하늘이 나타난다. 7, 8 월은 가장 아름다운 하늘이 펼쳐지지만 습도가 높고 태양이 강해 우리나라보다 더 무덥게 느껴진다. 간혹 태풍이 지나가기도 하지만 태풍 후 하늘은 청량함, 그 자체다. 여행 성수기인 7, 8 월을 피해 조금 이른 해수욕을 즐길 수 있는 5, 6 월, 그리고 관광객들이 떠난 한적한 바다에서 여름을 느지막하게 떠나보내는 9, 10 월이 오키나와 여행의 적기. 11 월이 되면 오키나와의 해수욕장은 하나 둘, 문을 닫기 시작한다.

# 오키나와 항공 편

비행기로 오키나와까지는 두 시간 정도 소요된다. 인천에서 오키나와까지 아시아나항공과 진에어, 제주항공, 티웨이항공, 피치항공 등, 직항이 하루 6~7회 운행된다. 직항 외에도 일본 각지를 경유한 오키나와 행 항공편도 있다. 성수기를 제외한다면 왕복 30만 원대, 일찍 서두른다면 그 이하 가격으로도 항공권을 구입할 수 있다.

# 렌터카

오키나와 곳곳을 누비고 싶다면 역시 렌터카를 이용해야 한다. 오키나와의 렌트비는 저렴한 편이고 연료비가 싸다는 게 장점이다. 한국어 서비스가 되는 내비게이션을 이용할 수 있다. 렌터카는 전화나 인터넷으로 예약하거나 여행사, 항공사에 연계된 렌터카 서비스를 이용해 예약하면 된다.
* 국제면허증은 전국운전면허 시험장이나 지정 경찰서에서 신청하면 즉시 발급되며 발급일로부터 1년 동안 유효하다. 신청시 본인 여권, 운전면허증, 여권용 사진 1매, 수수료 8천 5백 원이 필요하다.

### 오키나와 자동차 운전 팁
오키나와는 우리나라와는 반대 차선으로 운전해야 한다. 처음에는 당황할 수 있으나 한두 시간 정도면 익숙해진다. 가장 유의해야 하는 건 우회전. 한국에서 좌회전할 때처럼 크게 돌아 좌측 차선으로 진입해야 한다. 삼색 신호체계는 한국과 같지만 우회전 신호가 빨간색 등 아래에 있다는 차이점이 있다. 빨간색 신호와 함께 아래쪽에 있는 → 방향 화살표 등이 동시에 켜지면 우회전을 해야 하고 ↑화살표 신호등이 켜진다면 직진을 해야 한다. 큰 도로의 경우 교차로 중앙 지점에 우회전 대기선이 있다. 작은 도로에서는 비보호 우회전을 해야 하는 경우가 많다. 교차로 신호등에 별도의 우회전 표시등이 없다면 녹색 신호등일 때 비보호 우회전해야 한다. 좌회전은 녹색 신호에서만 가능하다.
* 일본 자동차는 드라이브 상태일 때 내비게이션으로 검색을 할 수 없다. P상태나 핸드브레이크가 당겨진 상태에서만 조작할 수 있으니 출발 전에 목적지를 검색해야 한다.
* 맵코드
내비게이션에 주소나 전화번호 대신 맵코드를 입력하면 길 찾기가 좀더 편리해진다. 맵코드는 일본 덴소(Denso)사가 만든 전국의 위치 식별 코드. 6~10자리 숫자와 *표시로 이루어진 번호다.

## 오키나와 대중교통

나하 시내에서는 공항에서 슈리성까지 이어지는 유이레일을 이용하면 웬만한 곳은 다 돌아볼 수 있다. 나하시에서 다른 지역으로 이동할 때는 버스를 이용하면 된다. 단, 버스 편이 많지 않고 거리별 요금이 적용되며 이동 시간이 길어 다소 불편하다.

### 나하공항에서 유이레일로 시내 들어가기
나하공항 국내선 터미널 2층에서 유이레일이 바로 이어진다. 국제거리가 있는 마키시 역까지는 약 15분 정도 소요된다.

### 버스로 이동하기
20, 120번 버스 - 나하공항을 출발해서 국제거리, 미나토가와 스테이트사이드타운, 아메리칸 빌리지, 만자모 등을 경유하는 노선
65, 66번 버스 - 나고버스터미널에서 출발해 추라우미수족관, 비세후쿠기가로수길, 나키진 성터 등을 경유하는 노선
38, 39번 버스 - 나하버스터미널에서 출발해 미바루비치 등 남부를 경유하는 노선

## 뚜벅이 여행자를 위한 1일 투어

렌터카를 이용하지 않고 나하시에 머물면서 다소 이동 시간이 긴 관광지를 돌아보고 싶다면 현지에서 일일 투어를 신청하는 것도 좋은 방법이다. 원하는 코스를 예약하고 나하버스터미널 내 정기관광버스 승강장에서 타면 된다. 신청은 나하공항 국내선 터미널 1층 여행사에서 예약 가능하고 좌석에 여유가 있을 경우 출발 직전 현장에서 티켓을 구매할 수 있다. 098-861-0083 www.okinawabus.com

### 정기관광버스
A 코스 - 남부 전쟁유적지 & 오키나와 월드
나하버스터미널 → 구해군사령부방공호 → 히메유리의 탑 → 오키나와 평화공원 → 오키나와월드 → 나하버스터미널 (8:30 출발, 7시간 소요 / 요금 어른 4천 9백엔, 어린이 3천엔)
B 코스 - 추라우미수족관 & 나키진 성터
나하버스터미널 → 만자모 → 추라우미수족관 → 나키진 성터 → 나고 파인애플파크 → 나하버스터미널 (8:45 출발, 9시간 30분 소요 / 요금 어른 5천5백엔, 어린이 3천엔)

### 기획버스투어
중부 관광지 코스
나하버스터미널 → 류큐무라 → 자키미 성터 → 오카시고텐 요미탄본점 → 자키미구스쿠 성터 → 미치노에키 가데나 → 비오스의 언덕 → 나하버스터미널 (8:30 출발, 8시간 30분 소요 / 요금 어른 5천5백엔, 어린이 4천5백엔)

# 오키나와의 맛

### 01
### 소바
우리가 생각하는 소바와는 달리 돼지고기 등 고명을 올려낸 따끈한 국수로 오키나와의 대표 음식이다.

### 02
### 라후테
돼지 삼겹살을 간장과 오키나와 전통주 아와모리에 조린 요리로, 입에 넣자마자 살살 녹는다.

### 03
### 타코라이스
멕시코 요리인 타코를 변형해 밥 위에 채소를 듬뿍 올려 칠리소스를 곁들여 먹는 오키나와식 타코.

### 04
### 찬푸르
더위에 음식이 상하는 것을 막기 위해 여러 가지 재료를 한데 볶는 조리법을 즐겼는데 이것이 바로 찬푸르다.

### 05
### 스테이크
미군정 시절의 영향으로 즐기기 시작한 스테이크 역시 오키나와의 대표 음식. 이시가키 쇠고기가 특히 맛있다.

### 06
### 고야
우리나라에서는 여주라고 부르는 고야는 오키나와에서 가장 사랑받는 채소. 볶음 요리인 찬푸르에 많이 쓰인다.

07

08

09

10

11

12

07
우미부도

탱글탱글한 알갱이가 모여 있어 '바다의 포도'라고 불린다. 주로 샐러드로 먹는다.

08
오리온 맥주

오키나와 북부의 깨끗한 물로 만든 순한 맛의 오리온 맥주는 오키나와에서만 맛볼 수 있다.

09
자색고구마 타르트

오키나와의 특산물 자색 고구마로 만든 달콤하면서 부드러운 타르트는 선물용으로 인기가 높다.

10
아와모리

태국쌀로 만드는 오키나와 전통주. 알코올 도수는 20도에서 40도까지 다양하고 맛은 보드카에 가깝다.

11
블루실 아이스크림

미국에서 태어나 오키나와에서 자란 아이스크림. 최고 인기는 자색 고구마로 만든 '베니이모' 맛.

12
흑설탕

오키나와의 이국적인 풍경에 한몫 하는 사탕수수밭에서 생산되는 천연 흑설탕은 진하고 독특한 맛이 그만.

## 쇼핑

### 돈키호테

빈손으로 들어갔다 양손 가득해져서 나오는 곳, 구경만 하러 들어갔다가 홀린 듯 쓸어 담게 되는 도깨비시장 같은 곳이 바로 돈키호테다. 지하 1층부터 지상 3층까지 화장품, 식료품, 잡화와 약품, 패션 아이템, 오키나와 기념품, 가전제품, 문구와 완구류까지, 없는 게 없는 대형몰이다. 5천 1엔 이상 구매하면 4층에서 8% 면세도 받을 수 있다. 일반 드럭스토어나 몰에서 볼 수 없는 독특하고 재미있는 (심지어 기이하고 기괴하기까지 한!) 물건이 많으니 아쉬워 잠 못 드는 밤, 한번 들러볼 만하다. 돈키호테 나하점은 24시간 영업한다.

**나하점** 마키시 역 마키시공설시장 바로 옆, 那覇市松尾 2-8-19, 098-951-2311, www.donki.com, 24시간 영업, MAPCODE 33157382*41

**기노완점** 宜野湾市大山 7-7-12, 098-942-9911, MAPCODE 33434024*07

**우루마점** うるま市塩屋浜原 502-1, 098-982-6911, MAPCODE 33627749*11

## 류보백화점

9층 건물에 의류, 화장품, 잡화, 식품 코너, 식당과 카페 등 다양한 매장이 입점해있는 오키나와의 대표 백화점. 토끼주걱과 미키마우스식판으로 인기인 프랑프랑과 무인양품이 8층에 있다. 1만 1엔 이상 구입하면 1층에서 면세 혜택을 받을 수 있다. 겐초마역에서 연결, 那覇市久茂地 1-1-1, 098-867-1171, ryubo.jp, 10:00~20:30(지하 1층은 ~22:00), MAPCODE 33156172

## 오모로마치 쇼핑단지

나하시에서는 보기 힘든 고층빌딩이 늘어선 신도심 오모로마치는 요즘 핫하게 뜨는 쇼핑플레이스. 오모로마치역과 연결된 'T 갤러리아 오키나와 by DFS'를 시작으로 5층 건물에 슈퍼마켓과 다양한 숍, 영화관, 서점 등이 입점해있는 '나하메인플레이스'와 토이저러스가 입점해 있는 '애플타운', 무인양품과 유니클로 등의 매장이 있다. 오모로마치 역, 覇市おもろま 4-1, 0120-782-460, MAPCODE 33188297*60

## 아시비나

최근 나하공항 근처에 생긴 넓은 공간에 깔끔한 매장이 들어선 아웃렛몰. 마크제이콥스, 구찌, 랄프로렌, 페라가모 등의 명품과 바나나리퍼블릭, 갭 등의 중저가 브랜드 등이 입점해있다. 면세 혜택이 있지만 환율 등을 고려하면 오히려 더 비쌀 수도 있으므로 잘 따져서 구매하는 게 좋다. 나하공항에서 차로 10분, 豊見城市豊崎 1-118, 0120-151-427, www.ashibinaa.com, 10:00~20:00 MAPCODE 232544571*77

## 이온몰

패션을 중심으로 생활용품과 완구, 슈퍼마켓 등이 모여 있는 일본의 체인몰. 특히 5층 건물에 입점 업체가 200개가 넘는 라이카무점은 일본 전체 이온몰 중 두 번째로 큰 규모다. 1층 대형 슈퍼는 여행객들에게 가장 인기 있는 곳. 5천 1엔 이상 구매시 면세 혜택이 있다. 10:00~24:00 영업 (일부 매장과 전문점은 영업시간이 다를 수 있다.)

라이카무점 나하공항에서 차로 1시간 거리, 中頭郡北中城村 アワセ土地区画整理事業区域内 4街区, 098-930-7803, MAPCODE 33530406*45

나하점(오로쿠점) 오로쿠역과 연결됨, 那覇市金城 5-10-2, 098-852-1515, MAPCODE 33095153*74

자탄점 아메리칸빌리지 내, 中頭郡北谷町字美浜 8-3, 098-982-7575, MAPCODE 33526301*24

나고점 나고버스터미널에서 차로 약 10분, 名護市字名護見取川原 4472, 098-054-8000, MAPCODE 206688642*85

## 맥스밸류

편의점보다는 규모가 크고 대형마트보다는 작은 슈퍼마켓으로, 다양한 식료품이 구비되어 있다. 특히 도시락이 훌륭하다. 이온몰과 같은 그룹계열이다.

마키시점 마키시역 서쪽 출구, 那覇市牧志 2-10-1, 098-863-2902, www.ootoya.com, 11:00~23:00, MAPCODE 33158694

나고점 나고버스터미널에서 차로 10분 거리, 0980-53-21111, MAPCODE 206687351*41

숙소

숙소를 예약하고 기대에 부응하는 하룻밤을 보내는 것은 여행의 큰 즐거움이다. 아니, 어쩌면 여행의 만족도는 좋은 숙소를 고르는 것에 좌우되는 지도 모른다. 좋은 숙소가 반드시 비싼 숙소를 의미하는 것은 아니다. 오키나와에는 하룻밤 2천엔짜리 게스트하우스부터 10만엔을 훌쩍 넘는 고급리조트까지 숙소의 종류가 다양하다. 중요한 것은 자신의 여행 스타일과 취향에 맞는 호텔을 고르는 것. 그것이 가장 좋은 호텔이다.

숙소에서 오랜 시간을 보내지 않는다면 나하시 국제거리에 즐비한 비즈니스호텔은 비교적 합리적인 가격에 쾌적하게 묵을만 하다. 중부 지역의 아름다운 해변에 위치한 리조트 호텔은 숙박와 휴식, 두 가지를 만족시킨다. 중부와 북부에는 독특한 개성을 지닌 매력적인 펜션과 게스트하우스가 속속 늘어나고 있다. 본토에서 새로운 삶을 꿈꾸며 건너온 이주민들이 운영하는 숙소들이 많은데 세련되고 감각적인 인테리어에 아침을 정성껏 차려내는 B&B 숙소들은 인기 만점, 일찌감치 예약이 끝날 정도다. 하룻밤 호젓하게 묵을 수 있는 독채 숙소 역시 인기다.

7,8월 성수기에 리조트는 평소 요금의 두세 배 넘게 오른다. 하지만 시내의 비즈니스호텔과 펜션, 게스트하우스는 성수기라 해도 요금 증가율이 크지 않다. 예약은 호텔 예약 사이트에서 가격을 비교하며 예약하거나 호텔 전용 홈페이지에서 예약한다 (간혹 호텔 내의 자체 프로모션 가격이 더 쌀 경우도 있다). 펜션이나 게스트하우스는 에어비앤비 사이트나 전용 홈페이지에서 예약하면 된다.

## 아름다운 비치를 따라 위치한 고급리조트

중부
아나 인터콘티넨털 만자 비치 리조트 www.anaintercontinental-manza.jp
호텔 몬트레이 오키나와 www.hotelmonterey.co.jp/okinawa
르네상스 리조트 오키나와 renaissance-okinawa.com
문비치 호텔 www.moonbeach.co.jp
호텔 닛코 아리비라 www.alivila.co.jp
힐튼 오키나와 차탄 리조트 hilton.co.kr/city/okinawa-hotels

북부
호텔 오리온 모토부 리조트앤스파 www.okinawaresort-orion.com
오키나와 메리어트 리조트앤스파 www.okinawa-marriott.com
더 리츠 칼튼 오키나와 www.ritzcarltonjapan.com/okinawa
더 부세나 테라스 www.terrace.co.jp/busena
JAL 프라이빗 리조트 오쿠마 www.jalokuma.co.jp
카누차 리조트 www.kanucha.jp

남부
하쿠나가란 www.hyakunagaran.com
사잔 비치 호텔앤리조트 www.southernbeach-okinawa.com

## 나하시 도심형 실속 호텔

에스티네이트 호텔 www.estinate.com
다이와 로이넷 호텔 나하 고쿠사이도리 www.daiwaroynet.jp
호텔 로코어 나하 www.rocore.jp
머큐어 호텔 오키나와 나하 www.mercureokinawanaha.jp
나하 토큐 레이 호텔 www.tokyuhotels.co.jp
더블트리 바이 힐튼 나하 www.doubletreenaha.jp

## 매력적인 B&B 숙소와 프라이빗 빌라

틴토틴토 tintotinto.com
마찬마찬 www.machan.jp
풍래장 www7.plala.or.jp/fu-rai-sou
트윈하우스 travel.rakuten.co.jp/HOTEL/151221/151221.html
찬야 www.chanyaa.com
소모스 somos-okinawa.com
아카치치 게스트하우스 akachichi.com
카이자 www.kaiza-okinawa.com
마리상의 집 www.airbnb.co.kr 에서 Nanjo-city Tamagusuku 로 검색 후 예약. 호스트 이름 Mari

## 주말에 훌쩍, 알뜰한 2박 3일 코스

**첫째 날**
오후 나하공항 도착 - 렌터카 인수 - 미나토가와거리 - 아메리칸빌리지 - 선셋비치 - 이온몰 자탄점 쇼핑 - 스파이스모텔 숙박
**둘째 날**
만자모 - 나카무라소바 ( 점심 ) - 추라우미수족관 - 비세후쿠기가로수길 산책 - 코우리대교 드라이브 - 코우리섬 - 나하시 - 국제거리 구경 - 돈키호테 쇼핑 - 에스티네이트호텔 숙박
**셋째 날**
슈리성 - 아시비우나 ( 점심 ) - 국제거리 마키시공설시장 - 우키시마거리 - 츠보야거리 산책 - 렌터카 반납 - 나하공항

## 렌터카 없이 뚜벅이 3박 4일 코스

**첫째 날**
오후 나하공항 도착 - 유이레일로 나하시내 도착 - 숙소에 짐 맡기기 - 미나토가와거리 (28번, 29번, 120번 버스 ) - 아메리칸빌리지 (28번, 29번, 120번 버스 ) - 나하시 국제거리 - 숙소
**둘째 날**
얀바루급행버스 (2시간 30분 ) - 추라우미수족관 - 비세후쿠기가로수길 산책 - 비세자키비치 - 얀바루급행버스로 나하시 - 얏빠리스테이크 ( 저녁 ) - 숙소
**셋째 날**
나하버스터미널에서 39번 미바루행 버스 탑승 - 미바루비치 - 야마노차야라스쿠이 ( 점심 ) - 하마베노차야에서 티타임 - 나하시 - 뉴파라다이스거리와 우키시마거리 구경 ( 저녁 ) - 국제거리 쇼핑 - 숙소
**넷째 날**
슈리성 ( 유이레일 슈리역 ) - 아시비우나 ( 점심 ) - 국제거리 마카시공설시장 - 츠보야거리 산책 - 유이레일로 나하공항

## 아이와 함께, 바다를 따라간 3박 4일 코스

**첫째 날**
오후 나하공항 도착 - 렌터카 인수 - 미바루비치에서 글라스보트 - 쿠루쿠마 ( 저녁 ) - 국제거리 구경 - 나하 하얏트호텔
**둘째 날**
슈리성 - 아메리칸빌리지 - 만자모 - 문비치호텔 체크인 - 문비치에서 해수욕 - 숙소
**셋째 날**
추라우미수족관 - 코우리대교 드라이브 - 코우리섬 - 호텔 오리온 모토부 체크인 - 에메랄드비치에서 해수욕 - 숙소
**넷째 날**
나하시 국제거리 - 마키시공설시장 구경 - 츠보야거리 산책 - 카페차타로 - 렌터카 반납 - 나하공항

## 여자들끼리 떠난 3박 4일 카페 로드 코스

첫째 날
오후 나하공항 도착 - 렌터카 인수 - 미나토가와거리 산책 - 오하코르테에서 티타임 - 아메리칸빌리지와 선셋비치 - 고메야마쓰쿠라 ( 저녁 ) - 숙소 ( 스파이스모텔 )
둘째 날
플라우만스 런치 베이커리 ( 아침 ) - 잔파비치 - NY 카페 ( 점심 ) - 스이엔 - 코우리대교 드라이브 - 코우리섬 - 숙소 ( 찬야 )
셋째 날
비세후쿠기가로수길 산책 - 카페 고쿠 ( 점심 ) - 야치문 킷사 시사엔 - 추라우미수족관 - 나가하마비치 - 숙소 ( 소모스 )
넷째 날
미바루비치 - 하마베노차야 ( 점심 ) - 오우섬 - 마루미쓰젠자이 - 식당 카리카 ( 저녁 ) - 숙소 ( 카이자 )
마지막 날
국제거리 - 뉴파라다이스거리와 우키시마 거리 - 시나몬카페 ( 점심 ) - 온오프예스노 - 렌터카 반납 - 나하공항

## 바닷가에서 느긋하게 머무는 5박 6일 코스

첫째 날
오후 나하공항 도착 - 렌터카 인수 - 미나토가와거리 - 문비치 - 문비치호텔
둘째 날
해중도로 드라이브 - 이케이섬 - 이케이비치 - 쿠루미샤 ( 점심 ) - 무나카타도 - 문비치호텔
셋째 날
비세후쿠기가로수길 산책 - 카페 하코니와 ( 점심 ) - 추라우미수족관 - 비세자키비치 - 숙소 ( 찬야 )
넷째 날
미바루비치 - 식당 카리카 ( 점심 ) - 마리상의 집 체크인 - 장보기 - 숙소에서 저녁
다섯째 날
미바루비치 산책 - 야마노차야 라쿠스이 ( 점심 ) - 오우섬 - 미바루비치 해수욕 - 숙소 ( 마리상의 집 )
마지막 날
나하시 - 우키시마거리 구경 - 우키시마가든 ( 점심 ) - 츠보야거리 산책 - 카페차타로 - 렌터카 반납 - 나하공항

## 카페 · 식당 · 소품

고메야마쓰쿠라 122
구마구와 57
나카모토 센교텐 244
나카무라소바 145
남도제과 45
니와토리 88
디앤디파트먼트 오키나와 126
로기 116
류큐차방 아시비우나 72
마루미쓰젠자이 236
무나카타도 112
미무리 44
볼도넛파크 36
슈림프웨건 200
스시밧텐 98
스이엔 118
시나몬카페 34
아메리칸 웨이브 96
야마노차야 라쿠스이 226
야치문 킷사 시사엔 196
야치토문 56
얀바루소바 194

얏빠리스테이크 64
오하코르테 94
온오프예스노 66
우키시마가든 50
이페코페 86
지사카스 42
찬푸르 식당 202
책방 우라라 29
카리카 222
카로타 시타 32
카페 고쿠 180
카페 마나 48
카페 소이 46
카페 차타로 58
카페 쿠루쿠마 230
카페 파라솔 28
카페 하코니와 184
쿠루미샤 114
티셔츠숍 160
포트리버마켓 90
플라우만스 런치 베이커리 110
하마베노차야 224
히가시식당 162
A&W 124
NY 카페 136

## 관광지

국제거리 22
긴조초 돌길 70
나가하마비치 176
뉴파라다이스거리 30
마키시공설시장 26
만자모 144
문비치 130
미나토가와 스테이트사이드타운 84
미바루비치 216
비세자키비치 172
비세후쿠기가로수길 164
슈리성 68
아메리칸빌리지 96
에메랄드비치 156
오우섬 240
요헤나수국원 190
우키시마거리 38
이케이섬 142
잔파곶 134
잔파비치 135
추라우미수족관 152
츠보야거리 54
코우리대교 198
트로피칼비치 99
해중도로 140

## 숙소

게스트하우스 카라 52
마리상의 에어비앤비 246
문비치 호텔 130
소모스 188
스파이스 모텔 104
에스티네이트 호텔 60
오리온 모토부 호텔 158
찬야 172
카이자 234
트윈하우스 204
호텔 하얏트리젠시 나하 76

찾아보기

## 맵코드

### 관광지

가쓰렌 성터  499570110*45
교다휴게소  206476708*78
국제거리  33158579*80
긴조초 돌길  33161423*83
나가하마비치  553143045
나고 파인애플파크  206716468*55
나카구스쿠 성터  33411581*77
나키진 성터  553081414*17
네오파크 오키나와  206688717*31
뉴파라다이스거리  33157435*30
니라이카나이 다리  232592532*88
동남식물낙원  33742510*58
류큐무라  206033125*43
류큐 유리촌  232336224*71
만자모  206282879*14
만자비치  206313247*14
무라사키무라  33851374*06
문비치  206096587*33
미나토가와 스테이트사이드타운
33341033*25
미바루비치  232469507*51
미야기비치  33584045*05
부세나 글래스보트  206442162*28
비세자키비치  553135595*60
비세후쿠기가로수길  553135595*60
비오스의 언덕  206005202*55

선셋비치  33525205*60
세소코비치  206822294*66
세이화우타키  33024282*63
슈리성  33161497*55
시키나엔  33131090*25
아라하비치  33496188*53
아메리칸빌리지  33526452*52
에메랄드비치  553105407*00
오리온해피파크  206598837*51
오키나와월드  232494388*53
오키나와 Zoo&Museum  33551766*72
요미탄 도자기마을  33855379*72
요헤나 수국원  33440756*31
이케이섬  499794094*71
자키미성  33854486*41
잔파곶  1005685378*55
잔파비치  1005656693*33
추라우미수족관  553075797
츠보야거리  33158039*50
코우리대교  485631329*31
코우리 오션타워  485693513*17
토마린항  33187338*58
트로피칼비치  33402418*33
푸른동굴  206062685*71
해양박공원  553075435*71
해중도로  499576274*45
헤도곶  728737152*55

## 카페 · 식당 · 쇼핑

고메야마쓰쿠라  33374557
구르메 회전초밥 33526400*22
구마구와  33158039*70
기시모토식당 본점  206857712*58
나카모토 센교텐  232467446*03
나카무라소바  206314302*63
농원찻집 사계의색  206833866*60
돈키호테 나하점 33157382*41
돈키호테 우루마점  33627749*11
디앤디파트먼트  33437101*63
류보백화점  33156172
류큐차방 아시비우나  33161797*46
마루미쓰젠자이  232455045*77
맥스밸류 나고점  206687351*41
맥스밸류 마키시점  33158694
미무리  33157228*10
슈리소바  33161598*78
슈림프웨건  485662041*33
스테이크하우스 88 추라우미점 553017604*00
시나몬카페  33157496*67
아시비나  232544571*77
야마노차야 라쿠스이  232469607*63
야치문 킷사 시사엔  206803694*41
안바루소바  206834514*41
오하코르테 33341000*77
우후야  206745056*82
이온몰 나고점  206688642*85
이온몰 나하점  33055153*74
이온몰 라이카무점  33530406*45
이온몰 자탄점  33526301*24
이페코페  33341033*52
카페 고쿠  553023757
카페 차타로  33158094*58
카페 카진호  206888669*00
카페 쿠루쿠마  232562861*33
카페 하코니와  206804746*87
텐토텐  33130072*14
플라우만스 런치 베이커리 33440756*31
하마베노차야  232469461*44
T 갤러리아 오키나와 by DFS 33188297*60

## 숙소

더 리츠 칼튼 오키나와  206382839*74
더 부세나 테라스  206442608*60
더블 트리 바이 힐튼  나하 33126876*85
르네상스 리조트 오키나와 206034743*88
문비치 호텔  206096557
소모스  553082854*84
스파이스 모텔  3349949713
아나 인터콘티넨탈 만자비치 리조트 206313455*46
에스티네이트 호텔  33157811
오리온 모토부 호텔  553105265*58
오키나와 메리어트 리조트앤스파 206412067
오키나와 잔파미사키 로얄 호텔 1005656725*26
카누차 리조트  485159343*25
호텔 닛코 아리비라  33881331*17
호텔 로코어 나하  33156147*13
호텔 하얏트리젠시 나하 33158211*30
호텔 JAL 시티 나하 33157376*21
힐튼 오키나와 차탄 리조트  33525746
JAL 프라이빗 리조트 오쿠마 485829703*34

오키나와 반할지도

ⓒ 최상희 · 최민 2018
초판 1쇄 2016년 8월 15일
재판 1쇄 2018년 5월 2일
    2쇄 2019년 6월 15일

지은이 최상희 · 최민
디자인하고 펴낸이 최민
펴낸곳 해변에서랄랄라
일러스트 엘
출판등록 2015년 7월 27일 제406-2015-000098호
주소 경기도 파주시 가온로 205
문의 031-946-0320(전화), 031-946-0321(팩스)
전자우편 lalalabeach@naver.com
블로그 blog.naver.com/lalalabeach
인스타그램 @lalalabeach_
ISBN 979-11-955923-6-4
이 책의 모든 내용 및 사진, 일러스트는 저작권법에 의해 보호 받으며,
별도의 허가 없이 사용할 수 없습니다.